GELIEBTE FEINDE

Ein Mädchen erlebt das „Dritte Reich" in Würzburg

Sonderveröffentlichungen des
Stadtarchivs Würzburg

BAND 9

Würzburg 2015

Ortrun Scheumann

GELIEBTE FEINDE

Ein Mädchen erlebt das „Dritte Reich“ in Würzburg

Übersetzt und herausgegeben von Roland Flade

Verlag Ferdinand Schöningh, Würzburg 2015

Bibliographische Informationen der Deutschen Bibliothek
Die Deutsche Bibliothek verzeichnet diese Publikation in der Deutschen Nationalbibliographie; detaillierte bibliographische Daten sind im Internet über http://dnd.ddb.de abrufbar.

Redaktion:
Sybille Grübel, Ingrid Rack, Renate Schindler, Annette Wolf

ISBN 978-3-87717-856-0

Umschlagentwurf: Markus Westendorf
Umschlagabbildung:
Ortrun Koerber, 1938 (Ortrun Scheumann, Bad Dürkheim)
Siegelentwurf (Stadtsiegel von 1195): Ernst Weckert

Inhalt

Grusswort

70 Jahre Frieden – unter diesem Motto stehen in diesem Jahr die Gedenkwochen, in denen an das Ende des Zweiten Weltkrieges und an die Bombardierung Würzburgs kurz vor Ende der Kampfhandlungen erinnert wird.

Zwei Generationen also sind groß geworden, die die NS-Diktatur und den Krieg nicht mehr selbst erlebt haben; wer bei Kriegsende zehn Jahre alt war, wird 2015 seinen 80. Geburtstag feiern. Noch älter sind diejenigen, die zu dieser Zeit bereits erwachsen waren, und ihre Zahl wird immer weniger.

Daher ist es mir eine besondere Freude, das vorliegende Buch der Öffentlichkeit vorstellen zu können. Die Autorin Ortrun Scheumann, geb. Koerber, ist 1939 im Alter von 14 Jahren mit ihrer Familie von Japan nach Würzburg gekommen, wo sie bis zum Kriegsende blieb. Die Erlebnisse und Erfahrungen dieser Zeit hat sie damals in ihrem Tagebuch festgehalten. Es sind Betrachtungen von „innen“, vom Leben in der Diktatur, jedoch mit einem Blick von „außen“, mit dem eines Menschen, der mehr kennt als nur sein eigenes Land, seine eigene Stadt und seine Muttersprache.

Im Zeitalter des Internets kann jeder seine Erlebnisse und Meinungen der ganzen Welt mitteilen – für Ortrun Scheumann und ihre Familie und Freunde wäre es riskant gewesen, wäre das Tagebuch in falsche Hände gekommen, und dies obwohl – oder vielleicht auch weil – sie es in englischer Sprache geschrieben hat. Dennoch hat sie die Hefte gut versteckt bewahrt und unentwegt weiter notiert, was ihr am Herzen lag.

Ortrun Scheumann, die heute in Bad Dürkheim lebt, ist sehr dafür zu danken, dass sie ihr Tagebuch zur Veröffentlichung zur Verfügung gestellt hat. Zusammen mit den eindrucksvollen Fotos aus ihrem privaten Bestand öffnet sich so ein Fenster in die Vergangenheit, durch das Einblicke in das tägliche Erleben – und Überleben – in den Jahren zwischen 1939 und 1945 in Würzburg möglich werden.

Herrn Dr. Roland Flade gilt ebenfalls mein Dank. Vor zwanzig Jahren hat er Ortrun Scheumann kennengelernt. Seitdem beschäftigte ihn das Vorhaben, die Aufzeichnungen nicht nur in Ausschnitten, sondern im ursprünglichen Zusammenhang auf Deutsch zu veröffentlichen. Durch seine Übersetzung und behutsame Kommentierung ist ein gut lesbarer und ansprechender Band entstanden, dem ich viele aufmerksame Leserinnen und Leser wünsche und der in keiner Würzburger Schulbibliothek fehlen sollte.

Würzburg, im Frühjahr 2015

Muchtar Al Ghusain
Kultur-, Schul- und Sportreferent

Vorwort des Herausgebers

Stellen wir uns eine 14-jährige Gymnasiastin im Jahr 2015 vor: Sie hat in vielen Ländern mit ihrer Familie, vielleicht auch mit einer Jugendgruppe, Urlaub gemacht, hat im Ausland Freunde gewonnen, ist mit Menschen auf der ganzen Welt über Facebook oder Skype verbunden, lernt in der Schule die Literatur fremder Länder lieben.

Stellen wir nun uns vor, dieses Mädchen wäre plötzlich ins „Dritte Reich" versetzt, müsste sich dem rigiden Regiment einer Diktatur unterordnen, dürfte seine Gedanken nicht mehr frei äußern, keine Nachrichten aus dem Ausland hören. Zuletzt müsste dieses Mädchen noch miterleben, wie Deutschland gegen jene Länder, in denen seine Freunde leben, einen brutalen Vernichtungskrieg vom Zaun bricht.

Abb. 1: Ortrun Koerber im Sommer 1938 auf dem Weg zu einer japanischen Bekannten, deren kleinem Sohn sie Englischunterricht gibt. (Ortrun Scheumann, Bad Dürkheim)

In dieser Situation ist die 14-jährige Ortrun Koerber, als sie im April 1939 nach neun glücklichen Jahren in Japan nach Würzburg kommt, wo ihr Vater eine Stelle als Studienrat an der Oberrealschule, dem heutigen Röntgen-Gymnasium, antritt.

Ortrun, ihre Eltern Louise und Josef Koerber und ihre ein Jahr ältere Schwester Ingeborg haben in jenem April 1939 wahrscheinlich mehr von der Welt gesehen als irgendein anderer Würzburger. Aber Ortrun hat keine Erfahrung mit dem Nationalsozialismus, den sie als abstoßende Unterdrückungsmaschinerie erlebt. Die nationalsozialistische „Weltanschauung" kommt ihr angesichts ihrer vielfältigen Erfahrungen absurd vor. Sie hat eine eigene, auf direktem Erleben beruhende Welt-Anschauung. Ortrun hat amerikanische, englische, russische Freunde, sie liebt die Musik des aus Polen stammenden Frédéric Chopin, sie spielt seine Mazurkas auf dem Klavier, schreibt Gedichte in englischer Sprache, liest mit Begeisterung Werke der Weltliteratur.

Dieses Mädchen wird nun in das enge Korsett des Bunds Deutscher Mädel gepresst, soll zu einem willfährigen Rädchen der NS-Diktatur werden.

Sie widersetzt sich, und ihre Familie mit ihr.

Angesichts ihrer Vergangenheit scheint dies logisch, doch die Verweigerung ist nicht ungefährlich. Die freiheitlich denkende Familie, in der Solidarität kein Fremdwort ist, gerät in das Visier der Gestapo, Ortrun muss ihre Tagebücher, in denen sie ihre Abscheu offen ausdrückt, verstecken. Sie muss es nicht selbst tun; ihre Mutter übernimmt die gefährliche Aktion, unterstützt von einem Freund der Familie. Auch als Ortrun wegen ihrer Liebe zu einem italienischen Kriegsgefangenen in Schwierigkeiten gerät, setzt sich die Mutter für sie ein. In der Familie Koerber und bei ihren Freunden, allesamt Nazigegnern, die ihre Gedanken untereinander offen aussprechen, lebt ein Stück Menschlichkeit in einer unmenschlichen Zeit.

Abb. 2: Josef Koerber mit den Töchtern Ortrun (rechts) und Ingeborg 1935 in Japan. (Ortrun Scheumann, Bad Dürkheim)

Die Koerbers waren die einzige deutsche Familie in Matsuyama und Okayama gewesen, jenen beiden japanischen Städten, in denen der Vater deutsche Literatur und Sprache an der Universität unterrichtete. Ortrun wuchs ab dem vierten Lebensjahr mit drei Sprachen auf: Deutsch mit den Eltern, Englisch mit ausländischen Freunden und ihrer Schwester Ingeborg, und Japanisch mit allen anderen. Die 1935 geborene zweite Schwester Ingrid sprach, als sie im April 1939 nach Würzburg kam, zunächst nur Japanisch.

Wie war die Familie nach Japan gekommen? Ein Studienkollege von Josef Koerber hatte an der Universität von Matsuyama auf der südlichen Insel Shikoku unterrichtet und wollte nach Deutschland zurück. Er fragte ihn: „Hast du Lust auf drei Jahre Japan?" Ortruns unternehmungslustiger Vater hatte, und so fuhr die Familie im Herbst 1929 durch Sibirien nach Japan. Drei Jahre später ließ sich der Vater die Erlaubnis für drei weitere Jahre gewähren. Danach strebte er eine erneute Verlängerung an, doch man teilte ihm mit, dass ihm diese nur persönlich in Deutschland erteilt werden könne.

Ortrun Koerber, die heute Ortrun Scheumann heißt, erinnert sich an seine Reaktion und die folgende Reise: „‚Gut', sagte mein Vater, ‚wir machen das und verbinden damit eine Reise um die Welt.' Mit einem japanischen Passagierschiff überquerten wir im April 1936 den Pazifik, landeten in Seattle, dann ging es mit dem Zug nach Chicago und weiter nach Boston, wo in der Nähe ein Bruder meiner Mutter lebte. Am meisten beeindruckt hat mich ein Besuch in Plymouth. Man zeigte uns die Stelle, wo die Pilgrim Fathers gelandet waren, den Plymouth Rock. Wir machten Ausflüge nach Boston, Providence in Rhode Island und New York City, wo ich meine ersten Wolkenkratzer bewunderte."

Abb. 3: Ortrun (links) und Ingeborg 1936 in Plymouth vor der Statue des Indianerhäuptlings Samoset, der die Pilgerväter begrüßt hatte und ihnen über den ersten Winter half. (Ortrun Scheumann, Bad Dürkheim)

Nach mehreren Wochen in den USA ging es mit der „Bremen“ über den Atlantik und nach einem kurzen Aufenthalt in Deutschland mit dem Zug nach Genua. Ortrun Scheumann: „Wir hatten die Wahl, mit einem Passagierschiff oder mit einem holländischen Frachter weiterzureisen. Die Fahrt mit dem Frachter dauerte gut dreimal so lang, aber wir hatten bis September Zeit. Also wählten wir den Frachter, der nur Platz für zehn bis zwölf Passagiere hatte. Es ging durch den Suez-Kanal, das Rote Meer und durch den Indischen Ozean, wo wir in einen schweren Sturm gerieten. Überall, wo unser Schiff anlegte, blieben wir zwei bis vier Tage und hatten die Möglichkeit, die Stadt und das Umfeld ein wenig kennenzulernen. Ich erinnere mich an Colombo und Manila, an Singapur, Hongkong und Shanghai. Im September kamen wir dann in Okayama an für unsere letzten so schönen Jahre in Japan.“

In Okayama setzen die hier wiedergegebenen Auszüge aus Ortruns Tagebuch ein. Geschildert wird das Leben einer polyglotten, weltoffenen Familie.

Die Schwestern besuchten in Japan keine Schule. Das Grundwissen vermittelten die Eltern, ein Shakespeare-begeisterter amerikanischer Missionar, Mr. Olds, las Shakespeare mit ihnen, von einem englischen Kollegen des Vaters, Billy Hamilton, lernte Ortrun die Dichter Byron, Shelley und Keats lieben, Musikunterricht erhielten die Mädchen von Japanern. Die Schwestern freundeten sich mit den russischen Mädchen Mara und Nina Guseff an.

Und dann die Rückkehr nach Deutschland, einen Tag vor Hitlers 50. Geburtstag: „In jedem Schaufenster sind Hitlerbilder, in goldenen Rahmen und von Blumen umgeben“, schreibt Ortrun. Am Abend sieht sie Hitler auf dem Balkon der Reichskanzlei in Berlin, am nächsten Tag eine Militärparade. Da ist sie in jenem Land angekommen, in dem sie, wie ein Wesen von einem fremden Stern, neu Wurzeln schlagen soll.

****

Ortrun Scheumann hat Auszüge aus ihrem auf Englisch geschriebenen Tagebuch erstmals 1986 unter dem Pseudonym Ortrun Schnitzler, dem Mädchennamen ihrer Mutter, als Broschüre veröffentlicht (Titel: „Beloved Enemies“, Geliebte Feinde).

Moskau
Berlin
Würzburg
Ländergrenzen aus dem Jahr 2015
Kartographie: D. Nenner, 2015

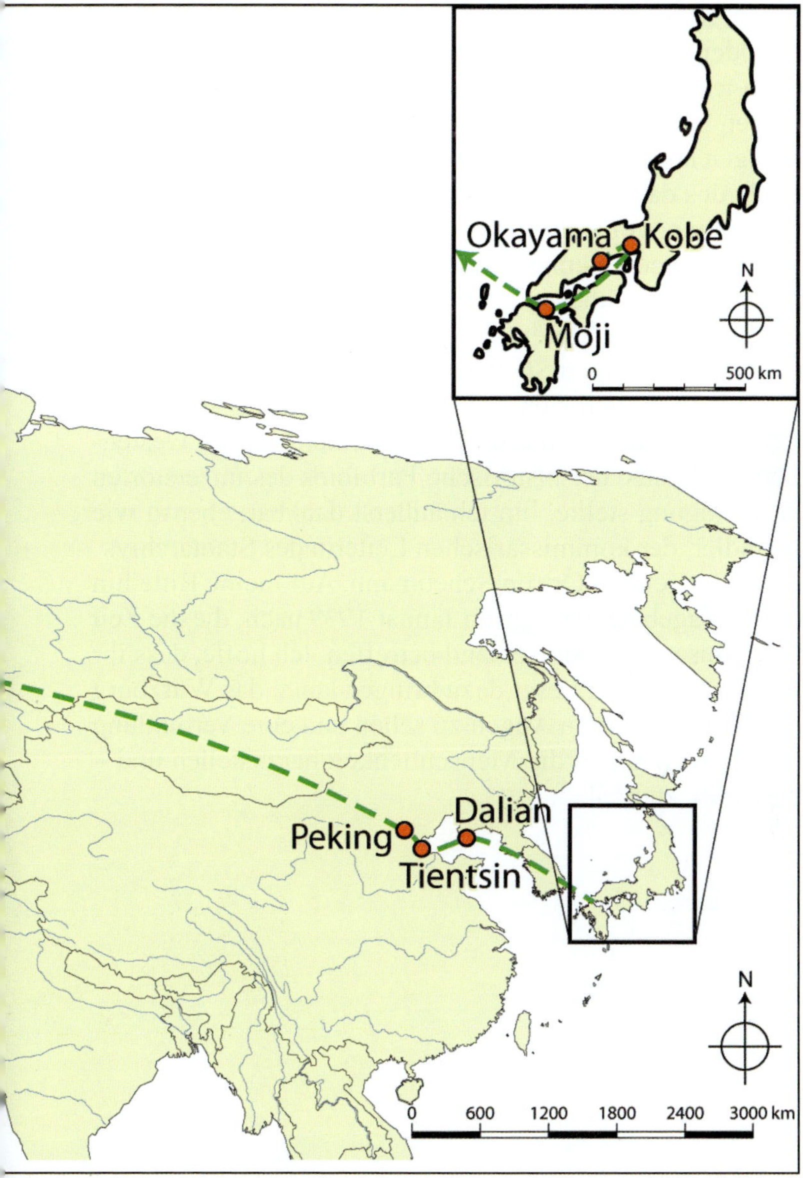

Reiseroute der Familie Koerber von Okayama nach Würzburg im März und April 1939.

Ich lernte Ortrun Scheumann im Mai 1995 kennen, als sie im Rudolf-Alexander-Schröder-Haus an einer Podiumsdiskussion teilnahm. Im Herbst 1998 gab ich das Buch „Unser Würzburger Jahrhundert" heraus, in dem neben zahlreichen weiteren Augenzeugenberichten auch übersetzte Passagen aus ihrem Tagebuch enthalten waren. Als wir das Buch in der Aula des damaligen Mozart-Gymnasiums, dem heutigen Central Programmkino, vorstellten, las sie selbst einige Abschnitte.

Der Wunsch, „Beloved Enemies" komplett zu übersetzen und herauszugeben, hat mich seither nicht losgelassen. Mit freundlicher Unterstützung durch Kulturreferent Muchtar Al Ghusain, Kämmerer Robert Scheller, den damaligen Stadtarchiv-Leiter Dr. Ulrich Wagner und Verleger Adolf Wolz ließ sich das Projekt nun in die Tat umsetzen. Allen Beteiligten, vor allem auch Stadtgrafiker Markus Westendorf und Alexander Kraus, der historische Farbfotos des unzerstörten Würzburg zur Verfügung stellte, bin ich äußerst dankbar, ebenso wie Dr. Renate Schindler, der kommissarischen Leiterin des Stadtarchivs.

Mein größter Dank geht an Ortrun Scheumann. Auf meine Bitte hin lieferte sie weitere Tagebucheinträge ab Januar 1939 nach, die die Zeit in Japan und die Reise nach Deutschland betreffen. Ich hoffe, dass ihr Tagebuch die Leserinnen und Leser dazu bringen kann, das Würzburg des „Dritten Reiches" mit ihren Augen zu sehen und eine Verbindung zu heutigen Verbrechen gegen die Menschlichkeit herzustellen und – wie sie – nicht passiv zu bleiben.

Roland Flade
Würzburg, 17. Januar 2015

Kapitel 1
Die perfekte Schönheit

Okayama, Samstag, 21. Januar 1939.
Dies ist ein sehr, sehr trauriger Tag. Wir haben ernsthaft mit dem Packen angefangen. Wir reden nur noch über unsere Reise, das Packen und solche Sachen.

Okayama ist eine Hafenstadt auf der japanischen Hauptinsel Honshu an der Mündung des Asahi-Flusses. Die Stadt wurde 1889 aus mehreren Gemeinden gegründet und begann bald darauf, sich zum Industriezentrum zu entwickeln. Im Zweiten Weltkrieg wurde sie in der Nacht vom 28. auf den 29. Juni 1945 bei einem Angriff mit Brandbomben zu 63 Prozent zerstört. Josef Koerber unterrichtete Deutsch an der Universität von Okayama.

Okayama, Sonntag, 22. Januar 1939.
Ich fürchte, dass Mr. Hamilton heute so spät kommt, dass wir „The Woman in White“ nicht weiterlesen können. Es ist so ein spannendes Buch! Er kommt jeden Abend und er und Vati lösen sich beim Vorlesen ab.

Der 26-jährige Engländer Billy Hamilton war Josef Koerbers Kollege an der Universität von Okayama, wo er Englisch unterrichtete. Seine Frau war 1938 gestorben. „The Woman in White“ (deutscher Titel: „Die Frau in Weiß“) ist ein 1860 erschienener Kriminalroman des englischen Autors Wilkie Collins.

Okayama, Mittwoch, 25. Januar 1939.
Vor ein paar Tagen las uns Mr. Hamilton einen Brief seiner Mutter vor. Ich hatte ein Gedicht über Mrs. Hamiltons Tod verfasst, und sie schrieb, dass es ihr sehr gut gefällt. Sie hat mich nach England eingeladen. Wie nett von ihr! Mr. Hamilton sagte, dass er uns nächstes Jahr in Deutschland besuchen wird und mich dann nach England mitnimmt.

Heute habe ich ein Gedicht geschrieben. Es heißt „Elegy written at Chopin's tomb" (Elegie, geschrieben an Chopins Grab). Es ist so traurig, dass Mutti beinahe weinen musste, als ich es ihr vorlas.

Okayama, Montag, 30. Januar 1939.
Gestern Abend waren wir lange aus. Als wir zurückkamen, lasen wir bis elf Uhr „Woman in White". Mr. Hamilton brachte einen süßen gelben Teddybären für Ingrid mit. Mutti versprach, mir auch einen zu kaufen.

Abb. 4: Ortrun mit Billy Hamilton im Herbst 1938 am Meer. (Ortrun Scheumann, Bad Dürkheim)

Okayama, Mittwoch, 1. Februar 1939.
Mein Buch, das Vati für mich bestellt hat, ist aus England angekommen. Es ist ein Buch über Chopin, geschrieben von Franz Liszt.

Okayama, Mittwoch, 8. Februar 1939.
Heute Morgen wurde das Klavier abgeholt, und ich war sehr traurig. Sie kamen so früh, dass ich noch schlief und nicht ein letztes Mal darauf spielen konnte.

Okayama, Mittwoch, 15. Februar 1939.
Gestern war Valentinstag. Ich bekam eine Valentinskarte, deren Text ich auf der nächsten Seite wiedergebe. Sie ist sehr nett und ich überlegte, wer sie mir geschrieben hat. Wahrscheinlich war es Mr. Olds.

My Valentine:
To Ortrun

O slip of a girl – you Teuton maid,
O maid with the poet's eye!
How you laugh and sing
Mid the scum of things,
While the big round world rolls by!

You see the things of which life is made.
Such as live in the evening glow,
When the westering sun
Shows his race is run,
And the soft winds begin to blow.

You gaze at the sea-gull's flapping wings
As he speeds athwart the sky,
They are music and cheer
To you, watching here,
How your soul stands up in your eye!

You're a lonely soul, but your heart's aglow,
You commune with things divine,
With birds and flowers
Through the lifelong hours,
God bless you, my Valentine.

My Valentine:
Für Ortrun

Oh schmächtiges deutsches Mädchen,
Oh Mädchen mit des Dichters Auge!
Wie du lachst und singst
Inmitten all des Alltäglichen,
Während sich die große runde Welt dreht.

Du siehst die Dinge, die das Leben ausmachen,
Dinge, die im Abendlicht leuchten,
Wenn die Sonne im Westen
Erkennen lässt, dass sie ihr Ziel erreicht hat,
Und wenn ein sanfter Wind erwacht.

Du bestaunst den lauten Flügelschlag der Möwe,
Die den Himmel eilig durchquert.
Das ist Musik und Freude
Für dich, und während du schaust
Blickt dir die Seele aus den Augen.

Du bist eine einsame Seele, doch dein Herz brennt,
Du hältst Zwiesprache mit göttlichen Dingen,
Mit Vögeln und Blumen,
In den langen Stunden des Lebens,
Gott segne dich, meine Valentine.

Mr. und Mrs. Olds waren ein älteres amerikanisches Missionars-Ehepaar, das sich regelmäßig mit der Familie Koerber traf. Mr. Olds las Shakespeare mit Ingeborg und Ortrun. Noch vor Kriegsbeginn kehrten sie in die Vereinigten Staaten zurück.

Okayama, Sonntag, 19. Februar 1939.
Heute ist mir plötzlich klar geworden, wie bald wir von hier weggehen. Oh, ich bin so unglücklich. Ich glaube nicht, dass sie verstehen, wie leidenschaftlich ich diesen Ort liebe. Vati, Mutti und Ingeborg machen Pläne für die Heimreise und für das Leben in Deutschland. Sie wollen nicht gehen, aber es scheint ihnen nicht so viel auszumachen. Und ich liebe Okayama von ganzem Herzen und kann den Abschied nicht ertragen!

Okayama, Dienstag, 21. Februar 1939.
Heute hat Mr. Hamilton Geburtstag, er wird 27. Allerdings ist es kein Glückstag. Mutti liegt krank im Bett, und Mr. Hamilton fühlt sich auch nicht gut. Und ich habe einen schlimmen Husten. Wir werden seinen Geburtstag trotzdem feiern. Wir essen in unserem Haus zu Mittag; Abendessen gibt es bei Mr. Hamilton. Was für eine Vorstellung: eine Party mit lauter Kranken.

Okayama, Mittwoch, 22. Februar 1939.
Hallo! Es war schön gestern. Das Mittagessen bei uns zu Hause war sehr gut. Und wir hatten einen großen Kuchen mit 27 Kerzen. Vati und Mutti nennen Mr. Hamilton jetzt „Billy“ und er sagt Jos und Louise zu ihnen. Ingeborg und ich sollen ihn auch „Billy“ nennen, aber ich weiß nicht, ob ich mich jemals daran gewöhnen kann. Meine Eltern schenkten ihm ein schönes altes japanisches Bild, Ingeborg und ich Briefpapier.

Es gab Roastbeef und Suppe und Karotten und Kartoffelbrei und zum Nachtisch einen wunderbaren Pudding. Die Erwachsenen tranken Bier, und Ingeborg und ich bekamen Pompan, eine Art Apfelwein. Danach tranken wir alle französischen Wein.

Okayama, Donnerstag, 2. März 1939.
Billy fährt am Sonntag nach Tokio. Danach werden wir ihn nicht mehr sehen, bis er nach Deutschland kommt, wie er es versprochen hat.

Wir fahren am 12.! So bald! Ich kann den Gedanken nicht ertragen.

Abb. 5: Ortrun (links) und Ingeborg mit japanischen Freundinnen beim Puppenfest. (Ortrun Scheumann, Bad Dürkheim)

Okayama, Freitag, 3. März 1939.
Wir fahren in zehn – nein, neun Tagen. Wir waren neun Jahre hier, und jetzt sind es nur noch neun Tage. Oh, ich liebe diesen Ort von ganzem Herzen, ich liebe Japan. Solange ich lebe, werde ich es nicht vergessen, die sommerliche Küste, die weißen Strände, die Felsen, die Bäume, diese großen Kiefern, die wie Drachen aussehen. Das Meer an einem ruhigen Tag, die kleinen Wellen, die sich kräuseln und übereinander und gegen die Felsen schlagen. Und die Ruhe, der Friede. Im letzten Sommer saß ich allein am Strand und sagte mir, dass ich all die Schönheit um mich herum nie vergessen darf, die perfekte Schönheit. Und all dies muss ich verlassen.

Kapitel 2
Meine Liste von vergangenen Dingen

Auf See, Montag, 13. März 1939, 16 Uhr.
Ich schreibe auf dem Schiff Ural Maru. Letzte Nacht schliefen wir im Haus der Mission in Kobe und um 12 Uhr kamen wir zum Schiff. Wir sind in der ersten Klasse untergebracht, weil es in der zweiten Klasse keine Kabinen mehr gab. Ingeborg und ich haben eine Kabine für uns allein mit bequemen Betten. Wir erhielten ein leckeres Mittagessen mit mehreren Gängen. Morgen werden in Moji alle unsere Sachen vom Zoll überprüft.

Kobe ist eine Großstadt in Japan auf der Insel Honshu. Die Stadt besitzt einen der größten Seehäfen des Landes. Die Hafenstadt Moji wurde 1963 mit vier weiteren Städten zur Stadt Kitakyushu zusammengeschlossen.

Auf See, Dienstag, 14. März 1939.
Oh, ich bin so seekrank! Das Schiff rollt und wälzt sich. Ich liege auf meinem Bett und bin ganz verzweifelt. – Wir waren heute von 7 bis 12 Uhr in Moji. Billy kam, und wir freuten uns so, ihn zu sehen. Er sah so vertraut aus mit seinem rotbraunen Mantel und dem aufgestellten Kragen und dem Spazierstock, der an seinem Arm hing. Wir frühstückten zusammen auf dem Schiff. Billy schrieb das Gedicht, das er für mich verfasst hatte, in mein kleines Poesiealbum, und ich schreibe es in mein Tagebuch.

Sayonara

„Time now to make an end!“ they said,
„A full nine years; a rich decade,
And yet – ‘tis there, not here, that we belong.
The Fatherland’s our Fatherland yappari!“

„Easy and well enough for them!“, mused you,
„One's heart grows armour as one gathers years;
With fourteen summers one's defenceless still –
The place one knows shoots tendrils, and they cling, they cling!
The parting wrench is poignant.“

The wisdom of the ages points
A moral here. It always does.
The sages' store of adage never fails.
„Prize not“, they teach, „the catch that slips your grasp.
The Seven Seas are teeming still with fish.“

And what say you? The answer flashes back –
„Mere greybeards' lore! No comfort here for youth!“
Indeed you're right, my dear – poor paltry stuff it is –
But all I have to offer.

Billy – Moji – 14. III. 39

Sayonara
„Es ist die Zeit zum Abschiednehmen!“ sagten sie,
„Neun volle Jahre; ein Jahrzehnt so reich,
Und dennoch – wir gehören dort-, nicht hierhin.
Deutschland ist eben unser Vaterland!“

„Die können das leicht sagen!“ dachtest du,
„Das Herz schafft eine Rüstung, wenn man älter wird;
Mit 14 Jahren freilich ist man hilflos –
Der alte Ort umrankt dich fest, sehr fest!
Der Abschiedsschmerz ist quälend.“

Die weisen Alten haben
Einen Spruch – wie immer.
Sinnsprüche gibt's für jeden Fall.
„Berechne nicht den Fang, der dir entgeht.
Die sieben Meere halten mehr bereit.“

Und was sagst du? Die Antwort kommt sehr schnell –
„Altmännerspruch! Wo soll die Tröstung sein?"
Ja, meine Liebe, es ist kümmerlich –
Doch ist es alles, was ich für dich hab'.

Wir gingen zusammen in die Stadt. Moji ist wirklich kein besonders aufregender Ort. Wir kehrten auf das Schiff zurück und tranken eine Flasche Champagner. Dann war es Zeit für ihn, sich zu verabschieden. Au revoir in Deutschland im nächsten Jahr! Ich werde mich immer daran erinnern, wie er uns zum Abschied küsste, dann den Steg hinunterging und winkend am Pier stand, so lange, bis wir so weit weg waren, dass er nur noch ein Punkt am Horizont war. Ich weiß, dass Billy uns vermissen wird. Er kam so oft in unser Haus, zwei- oder dreimal am Tag und den ganzen Abend. Er war ein Teil unserer Familie.

Dairen, Donnerstag, 16. März 1939.
So, jetzt sind wir in Dairen bei den Guseffs. Ich habe jetzt nicht viel Zeit zum Schreiben. Ich werde mehr schreiben, wenn wir Dairen verlassen haben. Mara erklärt mir gerade russische Gedichte, und ich muss zuhören.

Die Guseffs waren eine russische Familie, die die Koerbers aus Okayama kannten und die 1938 nach Dairen gezogen war. Der Vater war vor der Revolution Major in der russischen Armee gewesen; danach hatten sie das Land verlassen müssen. In Okayama verdienten sie ihren Lebensunterhalt als Schneider. Die Töchter Mara und Nina waren etwa in Ingeborgs und Ortruns Alter.
Dalian (japanisch Dairen) ist eine Millionenstadt mit Chinas nördlichstem eisfreien Seehafen. Die Stadt befand sich von 1897 bis 1905 unter russischer Herrschaft; zu dieser Zeit lebten viele Russen sowie West- und Mitteleuropäer hier. Von 1904 bis 1905 führten das russische und das japanische Kaiserreich Krieg gegeneinander, der im Herbst 1905 mit der Niederlage Russlands endete. Die Hafenstadt geriet von 1905 bis 1945 unter japanische Kontrolle und erhielt den Namen Dairen. Nach dem Zweiten Weltkrieg verwalteten China und die Sowjetunion die Stadt zunächst gemeinsam; 1955 wurde sie an die Volksrepublik China zurückgegeben.

Abb. 6: Vor dem Haus der Koerbers im Winter 1938/39: Ingrid, Nina Guseff, Ingeborg, Mara Guseff, Ortrun (von links). (Ortrun Scheumann, Bad Dürkheim)

Auf See, Sonntag, 19. März 1939.
Zuerst werde ich über Dairen schreiben. Es war 8 Uhr morgens, als wir ankamen. Wir waren auf Deck, und unter der Menge, die auf dem Pier wartete, war Herr Guseff mit einer russischen Pelzmütze.

Wir aßen bei den Guseffs zu Mittag und zu Abend. Ingeborg und ich übernachteten bei ihnen, Mutti, Vati und Ingrid gingen in ein Hotel. Es wurde spät, bis wir uns schlafen legten, denn Mara und Nina wollten immer noch weiterreden. Wir sprachen über unsere Berufswünsche. Natürlich sagte Ingeborg, dass sie Pianistin werden will. Ich sagte, dass ich schreiben wollte. Und Mara und Nina? Du wirst es nicht glauben! Sie möchten Spioninnen werden!

Am 18. kamen wir um 16 Uhr alle ans Pier. Die Tientsin Maru ist ein ziemlich kleines Schiff, kleiner als die Ural Maru. Wir erhielten zwei schöne Kabinen, und schließlich ging es los. Am nächsten Tag erreichten wir gegen 12 Uhr die Mündung des Gelben Flusses. Das Wasser war dort ganz gelb vom Lehm, den der Fluss mit sich trägt.

Wir begannen den Fluss hinaufzufahren. Auf beiden Seiten lagen kleine Ort am Ufer. Die Häuser waren klein und aus Lehm gebaut und ohne Fenster. Sie sahen sehr seltsam aus! Oft kamen Gruppen von Chinesen ans Ufer, um das Schiff zu sehen. Wie farbenfroh sie gekleidet waren – alles rot und blau und grün und gelb.

Gelegentlich kamen wir an englischen und französischen Siedlungen vorbei. Auf die Dächer und Türen waren Fahnen gemalt, überall Fahnen.

Wir passierten ein englisches Schiff, und ich, ganz mutig, winkte dem Kapitän aus der Entfernung zu, und er winkte zurück und lüftete seine Mütze.

Im Zug, Montag, 20. März 1939.
Gestern kamen wir um 7 Uhr endlich in Tientsin an und wir schliefen zum ersten Mal auf chinesischem Boden. (Ich schreibe dies im Zug.) Unser ganzes Gepäck wurde kontrolliert, und es war schon halb zehn, als wir den Pier verließen. Es war schrecklich und furchterregend. Die Straßen waren dunkel, es gab keine Lampen, und Hunderte von Chinesen kamen, die uns auf ihren Rikschas mitnehmen wollten und in

Chinesisch und unverständlichem Englisch auf uns einredeten. Wir sahen einige japanische Soldaten mit Bajonetten Wache stehen. Mutti ging zu ihnen und fragte sie, ob wir sicher seien und ob uns die Chinesen etwas tun würden. Sie sagten, dass alles in Ordnung sei und dass es keinen Grund gebe, Angst zu haben. Und sie freuten sich so, dass wir Japanisch sprachen.

Unser Hotel, das Savoy, war ein schönes großes Haus mit dicken Teppichen auf den Böden. Wir bekamen zwei schöne Zimmer mit vielen Spiegeln und Läufern.

Die Hafenstadt Tientsin, auch Tianjin genannt, liegt südöstlich von Peking. Japanische Truppen, die zuvor bereits die Mandschurei okkupiert hatten und große Teile Nordchinas kontrollierten, rückten am Beginn des Zweiten Japanisch-Chinesischen Krieges nach Süden vor. Am 29. Juli 1937 bombardierten japanische Flugzeuge Tientsin. Die Übermacht der Angreifer war so groß, dass die Stadt am nächsten Tag fast kampflos fiel. Bis zum Ende des Zweiten Weltkrieges verblieb sie unter japanischer Besatzung, die erst endete, als amerikanische Streitkräfte nach der Kapitulation Japans einmarschierten. Sie zogen 1947 ab; kommunistische Truppen eroberten Tientsin am 15. Januar 1949.

Heute Morgen haben wir Tientsin verlassen und den Zug nach Peking bestiegen. Wir reisen zweiter Klasse, aber zweite Klasse ist wie dritte Klasse in Japan und wir hatten großes Glück, Sitzplätze zu bekommen. Viele Leute müssen stehen.

Die Landschaft ist nicht sehr aufregend, nur Felder, die sich ohne einen einzigen Baum meilenweit erstrecken. Das Land ist flach, schrecklich flach.

16 Uhr.

Wir sind in Peking! Wir haben vier kleine Zimmer in der Sprachenschule. Es gibt hier viele andere Gäste, Amerikaner und Holländer, Finnen usw.

Peking, Dienstag, 21. März 1939.
Mein Gott, Peking ist so schön! Mir fehlen die Worte, es zu beschreiben, aber ich werde es wenigstens versuchen.

Am Eingang zur Verbotenen Stadt verließen wir unsere Rikschas. Dies war die kaiserliche Stadt, und nur die Angehörigen des Hofes durften sie betreten. Wir gingen durch ein Tor und kamen zu einem wunderschönen Platz. Es war völlig still, kein anderes menschliches Wesen war zu sehen. Fünf Brücken aus Marmor überspannen einen kleinen See. Über die mittlere, die mit Schnitzereien von Drachen und Blumen und Vögeln verziert ist, wurde der Kaiser in seiner Sänfte getragen.

Peking, Mittwoch, 22. März 1939.
Ich muss noch mehr über gestern und die Verbotene Stadt schreiben. Der Palast ist eine Art Museum. Oh, was für schöne Dinge sie dort haben! Statuen aus Jade, Truhen aus Elfenbein, Vasen verziert mit Drachen aus Gold – alles ist unglaublich schön. Es gibt Essstäbchen aus Ebenholz, Tuschezeichnungen in jeder Farbe, Statuen, besetzt mit echten Perlen und Juwelen – alles so wunderbar!

11 Uhr.

Wir sind beim Himmelstempel. Ich sitze auf einer Erdkugel aus Marmor und vor mir erhebt sich das himmlische Gebäude, umgeben von einem Kreis marmorner Säulen. Dieser Tempel ist überwältigend, das schönste Gebäude, das ich je gesehen habe. Die Dächer sind aus glasierten blauen Kacheln, die Wände sind mit blauen und grünen Mustern und goldenen Drachen, Schlangen und Fasanen verziert. Die Säulen im Innern sind rot lackiert. Und die Stille, die völlige Stille – alles ist traumhaft! Kein einziger Mensch ist zu sehen, und alles, was wir sehen, ist dieser perfekte Tempel, der sich in den blauen Himmel erhebt.

Der Altar hat drei Dächer und eine kleine goldene Kuppel. Die Farben harmonieren perfekt miteinander. Wenn ich so viele wunderschöne Dinge sehe, wünsche ich, dass jeder Mensch auf der Welt sie auch sehen und sich an ihnen erfreuen könnte.

Peking, Freitag, 24. März 1939.
Guten Morgen! Ich sitze in einer Rikscha und weiß gar nicht genau, wo es hingeht. Wir sind gerade am Winterpalast vorbeigekommen. Oh, jetzt weiß ich es! Wir sind am Mittleren See. Es ist herrlich hier. Pavillons umgehen den See und es gibt Brücken aus Marmor und Säulen in der Form von Löwen. Dort drüben kann ich ein schönes Tor aus glasierten gelben und grünen Kacheln sehen. Die Sonne scheint hell und entschädigt uns für das ziemlich schlechte Wetter gestern. Der See ist ruhig; in ihm spiegeln sich die Farben der Gebäude, überwiegend blau und gelb. Nur die Drachen sind mit Gold überzogen.

Peking, Dienstag, 28. März 1939.
Gestern Abend saßen wir im Radioraum, Ingeborg und ich und Frau van Dyke, eine Holländerin, sowie ein junger amerikanischer Missionar, an dessen Jacke ein kleines goldenes Kreuz steckt. Er lernt hier Chinesisch.

Peking, Mittwoch, 29. März 1939.
Gestern waren Ingeborg und ich und der amerikanische Missionar im Kino. Wir sahen „Thanks for Everything“. Der Film ist so lustig, dass wir viel lachen mussten. Als wir zur Sprachenschule zurückkamen, war es schon so spät, dass alle Türen verschlossen waren. Aber wir entdeckten eine Klingel, und ein Mann kam, um uns hereinzulassen.

Im amerikanischen Film „Thanks for Everything“ aus dem Jahr 1938, in dem Adolphe Menjou die Hauptrolle spielt, wird in einem Radiowettbewerb ein Durchschnittsamerikaner gesucht, mit dem Werbung für Lebensmittel und Kleidung gemacht werden soll. Alles läuft wie gewünscht, bis der Gewinner sich in ein Mädchen verliebt, das Komplikationen heraufbeschwört.

Peking, Montag, 3. April 1939.
Ich habe seit Ewigkeiten nicht geschrieben. Ingrid ist krank! Letzte Nacht hatte sie 39,7 Grad Fieber. Das arme Kind! Ein Arzt wurde gerufen, und er sagte, dass sie eine Mandelentzündung hat und einige

Tage im Bett bleiben muss. Er sagte auch, dass Ingeborg und ich nicht in ihr Zimmer dürfen, weil Mandelentzündung ansteckend ist.

Solange Ingrid krank ist, machen wir keine Besichtigungen mehr.

Peking, Dienstag, 4. April 1939.

Gestern Abend waren Herr und Frau van Dyke, drei amerikanische Missionare und zwei kanadische Mädchen, Mutti, Ingeborg und ich chinesisch essen. Vati blieb bei Ingrid. Es gab alle möglichen interessanten Dinge, dazu gebratene Ente. Danach ging Mutti nach Hause, und wir gingen ins Kino und sahen einen äußerst aufregenden Kriegsfilm über Gefangene in einem deutschen Gefängnis, die sich einen Weg in die Freiheit gruben.

Im Zug, Donnerstag, 6. April 1939.

Im Zug von Peking nach Mukden, 20 Uhr.

Ja, wir sind im Zug und die schöne Stadt Peking steht jetzt auf meiner Liste von vergangenen Dingen.

Heute Morgen, bevor wir abfuhren, gingen Vati und ich zum Markt, und ich kaufte drei Bücher. Eines über Dostojewski, den ich sehr bewundere, seit ich „Die Brüder Karamasow" gelesen habe, einen Gedichtband und ein Buch mit polnischen Erzählungen.

Mukden, Samstag, 8. April 1939.

22.30 Uhr.

Wir sitzen in einem trostlosen kleinen Bahnhof und warten auf den Zug, der um 23 Uhr kommen soll. Immer noch eine halbe Stunde! Wir sind alle so müde. Es ist so ermüdend, in einer fremden Stadt zu sein und nichts zu tun zu haben als zu warten.

Leute starren mich an, weil ich in einem Warteraum schreibe. Ich muss wohl ziemlich lächerlich aussehen und höre lieber auf.

Der chinesische Name von Mukden lautet Shenyang. Die Stadt ist das kulturelle und wirtschaftliche Zentrum Nordostchinas.

Im Zug, Ostersonntag, 9. April 1939.

Wir sind im Zug von Harbin in die Mandschurei. Wir reisten von Mukden nach Harbin, eine ziemlich schöne Stadt. Es gibt viele Russen hier, sogar russische Bettler. Es tat mir leid, sie zu sehen, wahrscheinlich weil wir nicht daran gewöhnt sind, arme Weiße zu sehen. In Japan gab es keine.

Wir gingen zum Hotel Modern in Harbin und bekamen eine russische Mahlzeit, die mir ziemlich gut geschmeckt hat. Danach kauften wir für unsere Reise durch Sibirien ein.

Moskau, Samstag, 15. April 1939.

Um 4 Uhr kamen wir in Moskau an. Unsere Reise nähert sich ihrem Ende. Morgen fahren wir durch Polen und einen Tag später sind wir in Deutschland.

Ich muss etwas über Moskau schreiben. Es gibt hier viele prächtige und große Gebäude und überall Hunderte von Lenin- und Stalin-Büsten. Die Schaufenster der Geschäfte scheinen ziemlich leer. Wir wohnen im Hotel Metropol. Ich habe noch nie so schöne Teppiche gesehen, wie sie hier in allen Zimmern liegen. Das Geschirr, auf dem unser Mittagessen serviert wurde, war aus Silber! Wir fuhren mit der Untergrundbahn hierher, die die beste auf der ganzen Welt sein soll. Die Stationen sind vollständig aus Marmor. Es gibt hier auch viele Museen. Es ist schade, dass wir schon so bald abreisen müssen!

Im Zug auf der Fahrt durch Polen, Montag, 17. April 1939.

Was für ein reizendes Land! Die grünen Wiesen und Felder sind so lieblich nach all dem Eis und Schnee in Sibirien. Es gibt kleine Dörfer und kilometerweit Wälder. Der Himmel ist heute blau, besprenkelt mit kleinen weißen Wolken. Chopins Melodien kommen mir in den Sinn. Dies ist sein Land; dies ist das Land, an das er dachte, als er in der Ferne, in Frankreich, seine Mazurkas komponierte.

Später: Vor einer Stunde waren wir in Warschau. Wir kamen an, als es gerade dunkel geworden war, und so konnte ich nur die vielen glänzenden Lichter sehen und kurz auf den Fluss blicken. Aber es gab einen ziemlichen Aufstand am Bahnhof. Ein estnischer General wurde erwartet, und der Bahnsteig war mit einem roten Teppich und Hunderten polnischer Fahnen geschmückt. Ein Beamter ging durch den Zug und fragte alle Männer, ob sie Waffen trügen. Dann wurden alle Fenster geschlossen. Der Zug des Generals fuhr ein, und er stieg genau gegenüber von unserem Wagen aus, so dass wir den ganzen Empfang beobachten konnten.

Berlin, Mittwoch, 19. April 1939.

Wir sind in Deutschland, und die erste Nacht auf deutschem Boden ist vorbei. Vati wartet auf Nachricht vom Erziehungsministerium, wo er unterrichten soll. Es ist ein komisches Gefühl, nicht einmal den Namen der Stadt zu wissen, in der wir leben werden.

Morgen ist Hitlers 50. Geburtstag. Alle Häuser sind mit Fahnen geschmückt. In jedem Schaufenster sind Hitlerbilder, in goldenen Rahmen und von Blumen umgeben. Auf der Friedrichstraße sahen wir eine Menschenmenge vor einem Schaufenster stehen. Wir gingen hin, um zu sehen, was los war, denn die Leute schienen so erregt. Sie regten sich auf, denn das Hitlerbild im Fenster war ziemlich hässlich. Schließlich kam der Geschäftsführer des Ladens heraus und sagte, dass das Porträt sofort entfernt würde.

Berlin, Donnerstag, 20. April 1939.

Gestern Abend gingen wir alle zum Fackelzug. Tausende waren auf der Straße. Später gingen wir zur Reichskanzlei. Dort schrie die Menge „Heil, Heil!“. Gerade als wir umkehren wollten, begannen alle mit neuer Kraft zu rufen. Wir drehten uns um und sahen, wie Hitler auf den Balkon trat.

Heute Morgen gingen Vati, meine Schwester Ingeborg und ich zur Parade. Tausende und Abertausende von Menschen säumten die Straßen. Die Parade bestand aus Kriegsgerät: Panzer, Kanonen, Gewehre und viele Flugzeuge. Die Prominenten, Hitler, Göring, Botschafter vieler Länder und Militärattachés in Galauniformen, standen auf einem Podium voller Fahnen. Es sah sehr eindrucksvoll aus.

Kapitel 3
Würzburg, unsere zukünftige Heimat

Würzburg, Montag, 24. April 1939.

Nach neunstündiger Fahrt kamen wir in Würzburg an, unserer zukünftigen Heimat.

Sofort machten sich Vati, Mutti und Ingeborg auf, um nach einer Wohnung für uns zu suchen; währenddessen wartete ich im Park mit der kleinen Ingrid. Wir leben jetzt in zwei Räumen einer Pension. Ich hoffe sehr, dass wir bald eine richtige Wohnung finden.

Im Zug wunderten sich alle über uns, denn Vati und Mutti unterhielten sich auf Deutsch, Ingeborg und ich auf Englisch, und da die kleine Ingrid keine andere Sprache als Japanisch spricht, mussten wir mit ihr Japanisch reden.

Donnerstag, 27. April 1939.

Heute ging ich zum ersten Mal im Leben zur Schule. In Japan hatten Ingeborg und ich nur Privatunterricht. Daher hatte ich keine Vorstellung davon, wie die Schule sein würde. Mutti kam mit und ging dann wieder, nachdem sie mit einigen Lehrern gesprochen hatte. Man führte mich zu meinem Klassenzimmer und stellte mich den Mädchen vor. Dann begann der Unterricht.

Als Erstes hatten wir Englisch, das war sehr leicht. Danach hatten wir Deutsch, und der Lehrer sprach mit uns über Stil und solche Dinge. In der Pause umringten mich die Mädchen und fragten mich alles Mögliche über Japan. Danach hatten wir Geometrie. Oh, wir haben so einen schrecklichen Lehrer! Ich verstand kein Wort. Er gibt auch Algebra, das wird sicherlich furchtbar.

In der Musikstunde musste jedes neue Mädchen ein Lied singen. Ich sang ein japanisches, „Kojo no zuki“, und der Lehrer sagte, dass es sehr schön sei. Das war also mein erster Schultag. Ich wünsche, ich müsste morgen nicht wieder hin!

Abb. 7: Domstraße und Vierröhrenbrunnen 1943. (Sammlung Alexander Kraus, Würzburg)

Sonntag, 30. April 1939.

Ingeborg und ich sind dem BDM beigetreten, einer staatlichen Organisation für Mädchen. Alle Mädchen müssen Mitglied sein. Es gibt eine ähnliche Organisation für Jungen, die Hitlerjugend heißt. Gestern ging Mutti mit uns in ein Warenhaus und wir kauften unsere Uniformen. Sie bestehen aus einem dunkelblauen Rock, einer weißen Bluse, einer schwarzen Krawatte und einer khakifarbenen Jacke.

Dann mussten wir all die Abzeichen und Hakenkreuze kaufen, die man auf Jacke und Bluse nähen oder stecken muss. Wir wussten so wenig darüber, dass die Verkäuferin uns rundheraus frage, ob wir alle aus dem Ausland kämen. Niemand, der auch nur kurz in Deutschland gelebt hat, könnte so unwissend sein.

Heute war ich beim ersten BDM-Treffen. Als alle Mädchen vor einem alten Haus versammelt waren, gingen wir in einen großen Raum im Keller. Wände, Decken und Boden waren kahl. Wir saßen auf Bänken um einen langen Tisch. Als die BDM-Führerin, ein Mädchen von etwa 20 Jahren, kam, standen wir auf, erhoben den Arm und riefen „Heil Hitler!" Etwa zwei Stunden lang sprach sie über Hitler und las patriotische Gedichte vor. Die Mädchen blieben nicht still. Einige flüsterten und kicherten die ganze Zeit, obwohl sie immer wieder verwarnt wurden. Das Ganze war wirklich nicht besonders angenehm. Ich hoffe, dass wir noch andere Dinge tun, als nur Vorträge anzuhören.

9 Uhr abends. Ich sitze am offenen Fenster und genieße den Duft des Flieders. In unserer Pension wohnen Ingeborg und ich in einem Zimmer, in dem ein Klavier steht. Gerade spielt Ingeborg Mozart. Sie studiert Musik am Konservatorium: Klavier, Harmonielehre, Gesang, Musikgeschichte und Kontrapunkt. Hat sie nicht Glück! Ich würde viel lieber Musik studieren, anstatt in die Schule zu gehen.

Der Bund Deutscher Mädel (BDM) wurde 1930 als Gliederung der vier Jahre zuvor ins Leben gerufenen männlichen Hitler-Jugend (HJ) gegründet. Nach der Machtübernahme der Nationalsozialisten 1933 stieg die Zahl der im BDM organisierten Mädchen kontinuierlich an. Aufgrund der ab 1936 geltenden Pflichtmitgliedschaft aller weiblichen Jugendlichen von 10 bis 18 Jahren, sofern sie nicht aus „rassischen Gründen" ausgeschlossen waren, bildete der BDM die damals größte weibliche Jugendorganisation der Welt mit 4,5 Millionen Mitgliedern im Jahr 1944.

Dienstag, 27. Juni 1939.

Unruhe in Polen. Die Zeitungen schreiben die grässlichsten Dinge über die Polen. Warum tun sie das? Was haben die Polen Deutschland getan?

Kapitel 4
Überall auf den Strassen Soldaten

Dreistelz, Montag, 10. Juli 1939.
Endlich Ferien! Da ich bisher nie in eine Schule gegangen bin, wusste ich nicht, wie schön das sein kann. Gestern kamen Vati und ich in Dreistelz in der Rhön an, wo wir den ersten Teil unserer Ferien verbringen werden. Am Bahnhof wurden wir mit einer Pferdekutsche abgeholt. Hier gibt es nur fünf Häuser, Bauernhöfe mit Ställen für Pferde und Schweine unter demselben Dach. Jeder hat ein kleines Zimmer für sich, und wenn man einmal vom leichten Geruch der Kühe absieht, ist es sehr schön. Von meinem Fenster habe ich den herrlichsten Ausblick, den man sich nur vorstellen kann.

Mutti, Ingeborg und Ingrid sind in München bei Tante Dina. Später treffen wir uns alle in Gonsenheim bei Tante Rosa. Meine Cousine Lisbeth heiratet am 22. Juli, und Ingeborg und ich werden ihre Brautjungfern sein.

Der Dreistelzberg, in der Nähe von Bad Brückenau gelegen, ist mit 660 Metern Höhe die höchste Erhebung der südlichen Rhön und ein beliebtes Ausflugsziel. Einer Sage nach erhielt der Dreistelz seinen Namen durch „die drei Stolzen", drei hochmütige Jungfrauen, deren Schloss von einem zurückgewiesenen nächtlichen Pilger verwünscht wurde und in den Tiefen des Berges versank.

Gonsenheim, Donnerstag, 20. Juli 1939.
Wir sind jetzt bei Tante Rosa und sind alle sehr beschäftigt, weil meine Cousine Lisbeth in zwei Tagen heiratet. Ich habe weiße Seidenblumen an mein Brautjungfernkleid genäht; es sieht so hübsch aus. Das Kleid besteht aus hellgrünem transparentem Batist; der untere Teil ist sehr bauschig. Wir hatten meterweise Stoff in Würzburg gekauft, und Mutti hat es selbst genäht.

Tante Rosa hat achtzehn Kirschkuchen und Aprikosentorten, sechs Schokoladenkuchen und noch viel anderes gebacken, und ich habe ihr dabei geholfen. Außerdem gibt es 20 Flaschen Wein! Wir werden tanzen, und ich bin sicher, dass wir viel Spaß haben.

Mutti und Ingeborg können nicht kommen! Sie sind noch in München. Ingeborg wurde krank, und der Arzt sagte, es seien die Masern. Jetzt müssen sie noch zwei Wochen in München bleiben. Paula, eine von Lisbeths Freundinnen, wird die zweite Brautjungfer sein und das Kleid der armen Ingeborg tragen.

Ein Jahr zuvor war Gonsenheim nach Mainz eingemeindet worden. Die weit über 1000-jährige Geschichte als eigenständiges Dorf im Vorfeld von Mainz war damit zu Ende.

Gonsenheim, Dienstag, 25. Juli 1939.

Rate mal, wann ich gestern ins Bett gegangen bin! Um drei Uhr morgens! Wir hatten so eine nette Feier. Die Trauungszeremonie fand in einer kleinen Kapelle statt. Lisbeth war eine sehr schöne Braut. Vati spielte Geige und einer von Lisbeths Freunden Orgel. Am Abend sangen und tanzten wir und hatten eine wunderbare Zeit.

Gonsenheim, Montag, 14. August 1939.

Ich musste heute an Japan denken. Wie gerne wäre ich wieder dort! Deutschland wirkt manchmal fast wie ein Gefängnis auf mich. Wie schön und frei das Leben in Japan war. Alles steht mir so deutlich vor Augen: der Strand, die Sonne, das tiefe Blau des Wassers und des Himmels.

Jeden Abend schwammen Ingeborg und ich zu einigen Felsen hinaus und beobachteten, wie die Fischerboote heimkamen. Wie glücklich wir dort waren! Hier ist alles grau: der Himmel, die Häuser, sogar die Menschen.

Gonsenheim, Dienstag, 22. August 1939.

Schlechte Nachrichten. Gerade als Ingeborg und ich heute Morgen aufstanden, kam Mutti und erzählte uns, dass Deutschland einen Nichtangriffspakt mit Russland abgeschlossen hat. Jetzt bin ich sicher, dass es Krieg gibt. Polen wird von Osten und Westen angegriffen. Welche Chance hat Polen? Nicht die geringste!

Gonsenheim, Samstag, 26. August 1939.

Noch kein Krieg, Gott sei Dank! Aber man sieht überall auf den Straßen Soldaten, jeden Tag werden Truppen mobilisiert. Als wir gestern Nachmittag in Mainz waren, fuhren endlose Schlangen von Lastwagen mit Soldaten vorbei. Alle hatten ernste Gesichter. Vati sagt, dass es 1914 ganz anders war: Die Menschen schienen damals begeistert über die Aussicht eines Krieges.

Gonsenheim, Sonntag, 27. August 1939.

Krieg oder nicht? Worüber soll ich sonst schreiben, wenn das alles ist, woran wir denken. Zwanzigmal am Tag hören wir Nachrichten: englische, französische und deutsche.

Zell, Donnerstag, 31. August 1939.

Wir haben Gonsenheim gestern verlassen. Mutti wollte nicht, dass wir in der Nähe einer großen Stadt sind, wenn der Krieg beginnt. Um 7.50 Uhr waren wir in Mainz und um 9 Uhr in Darmstadt. Dort bekamen wir keinen Zug, der in die Richtung fuhr, in die wir wollten. Wegen der Generalmobilmachung fahren nur wenige Züge. Wir mussten bis 17 Uhr warten, bevor ein Zug in den Odenwald fuhr. Jetzt sind wir in einem kleinen Hotel in Zell.

Die ehemals eigenständige Gemeinde Zell im Odenwald ist seit 1972 ein Stadtteil von Bad König. Der kleine Ort liegt an der Straßenverbindung zwischen Michelstadt und Bad König und ist auch durch die Odenwaldbahn erschlossen, auf der man bis nach Darmstadt sowie bis ins Neckartal fahren kann.

Zell, Freitag, 1. September 1939.

Es ist Krieg! Gerade haben wir Hitlers Rede gehört. Alle Hotelgäste hatten sich im Aufenthaltsraum um das Radio versammelt. Die Frauen weinten alle. Mutti glaubt, dass es wieder einen Weltkrieg gibt, nur schlimmer und grausamer als der erste.

Langenbrombach, Samstag, 2. September 1939.

Gestern sind wir in eine andere Pension gezogen. Die Landschaft ist hier so lieblich. Einige Schritte vom Haus entfernt gibt es Wald und Wiese, einen kleinen Bach und eine alte Wassermühle. Aber wir können an nichts anderes denken als an den Krieg.

Wir können hier nur die deutschen Nachrichten hören. Nicht weil das Radio nichts taugt. Aber sie haben gerade im Radio gesagt, dass jeder, der ausländische Nachrichten hört, ins Gefängnis kommt. Und wenn man anderen erzählt, was man gehört hat, gilt man als Verräter und wird vielleicht erschossen!

Gerade kamen die neuesten Nachrichten. Die deutschen Truppen stoßen schnell vor. Warschau hat einen fürchterlichen Luftangriff erlebt. Die Menschen hier in der Pension sagen, dass die Polen den Krieg begonnen haben. Sind sie verrückt? Es kann keinen Zweifel geben, wer ihn anfing!

Langenbrombach im Odenwald liegt zu beiden Seiten des Bachs, der dem Ort den Namen gab. 1971 schloss sich Langenbrombach anlässlich der Gebietsreform in Hessen freiwillig mit vier Nachbargemeinden zur Gemeinde Brombachtal zusammen.

Heute ist bekannt, dass Hitler den Feldzug gegen Polen seit April 1939 plante und dass die angeblichen Grenzübergriffe bewaffneter Polen am 31. August 1939 vom Sicherheitsdienst der SS fingiert wurden.

Langenbrombach, Sonntag, 3. September 1939.

Heute Morgen hat England eine Botschaft an Hitler geschickt: Wenn er seine Truppen, die die polnische Grenze überschritten haben, nicht bis 11 Uhr zurückbeordert, ist England im Krieg mit Deutschland. Hitler weigerte sich, die Truppen zurückzurufen. Deshalb befinden wir uns jetzt im Krieg mit England und auch mit Frankreich.

Langenbrombach, Sonntag, 17. September 1939.
Was ich die ganze Zeit befürchtet habe, ist eingetreten. Die Russen sind heute Morgen um 4 Uhr in Polen einmarschiert. Sie erklärten, dass sie immer noch neutral seien, dass sie polnisches Territorium betreten könnten, weil Polen nicht mehr existiert.

Kapitel 5
Jeder ist sicher, dass Deutschland den Krieg gewinnt

Würzburg, Sonntag, 8. Oktober 1939.
Wir sind wieder in Würzburg! Ich bin mit den Hausaufgaben fertig, etwas Algebra, Geometrie und Biologie, und jetzt habe ich Zeit für mein Tagebuch. Endlich haben wir eine Wohnung gefunden. Sie liegt am Wittelsbacherplatz, in einem netten, ruhigen Stadtteil. Wir haben fünfeinhalb Zimmer. Wenn man durch die Eingangstür kommt, ist das erste Zimmer rechts der halbe Raum, den jetzt Tante Lieschen bewohnt; sie ist hier, um Mutti zu helfen. Auf der linken Seite ist ein großes Zimmer, in das wir Muttis Biedermeiermöbel gestellt haben. Von hier aus geht es in Vatis Arbeitszimmer. Die zweite Tür führt vom Gang aus in den größten Raum, in den wir unseren Flügel stellen werden, wenn wir ihn gekauft haben. Die anderen beiden Räume sind Schlafzimmer.

Bis jetzt sind noch keine Vorhänge an den Fenstern. Solche Sachen kann man nicht mehr kaufen, ebenso wenig wie Schuhe, Kleider usw. Vati hat nach München geschrieben und erklärt, dass wir keine Vorhänge und Teppiche und nicht genug Möbel haben, weil wir gerade erst aus dem Ausland gekommen sind. Wir hoffen, dass uns erlaubt wird zu kaufen, was wir brauchen.

Es ist schon spät, und ich muss aufhören zu schreiben. Die Schule fängt um 7.45 Uhr an, und ich muss jeden Morgen um 6.45 Uhr aufstehen.

Gestern mussten wir in der Schule ein Lied singen, in dem die Polen „das dreiste Lumpenpack“ genannt werden. Oh, wie ich mich nach Japan zurücksehne. Ich vermisse es so sehr. Wenn ich nur zurückkehren könnte, oh, nur für einen einzigen Tag!

Mittwoch, 18. Oktober 1939.
Manchmal tun Ingeborg und ich die dümmsten Dinge, einfach weil wir es nicht besser wissen oder weil sich niemand die Mühe macht, es

uns zu sagen. So wie gestern, als Mutti uns losschickte, um Kartoffeln zu kaufen. Wir waren schon unterwegs, als wir bemerkten, dass wir gar nicht wussten, wo es welche gibt. In Japan haben wir solche Sachen nie selbst eingekauft. Wir dachten jedenfalls, dass Kartoffeln in gewisser Weise wie Brot sind, und das sind sie doch auch, oder nicht? Also gingen wir in eine Bäckerei und fragten nach Kartoffeln. Sie starrten uns an, als ob wir verrückt wären. Sie schicken uns in einen Gemüseladen, wo wir gefragt wurden, wie viele Kartoffeln wir wollten. Natürlich wussten wir es nicht, Wir sagten ‚ein halbes Pfund' und jeder im Geschäft lachte. Schließlich kauften wir drei Pfund, nachdem sie uns gefragt hatten, für wie viele Personen das Essen reichen sollte.

Samstag, 16. Dezember 1939.
Das war ein schrecklicher Tag. Wie alle anderen BDM-Mädchen mussten Ingeborg und ich für das Winterhilfswerk, eine Nazi-Wohlfahrtsorganisation, betteln. Wir gingen von Haus zu Haus, klingelten an allen Türen und baten die Leute, „ein paar Pfennige für das WHW" zu geben. Einige gaben uns Geld, einige waren mürrisch und sagten, sie hätten schon zu viel gegeben. Ein Mann schlug uns die Tür vor der Nase zu. Dann waren wir auf der Straße unterwegs und versuchten Menschen anzuhalten, die vorbeigingen. Oft behaupteten sie, sie hätten kein Geld oder seien in großer Eile. Es war ganz dunkel, als wir heimkamen, und unsere Gesichter waren blau vor Kälte.

Das im September 1933 gegründete Winterhilfswerk des Deutschen Volkes (kurz Winterhilfswerk oder WHW) sollte schnell sichtbare Erfolge bei der Bekämpfung der Folgen von Arbeitslosigkeit und Armut vorweisen. Gleichzeitig zielte die Spendensammlung darauf ab, das Zusammengehörigkeitsgefühl der „Volksgemeinschaft" zu fördern.
Durch die in den Wintermonaten angeordneten und in der NS-Propaganda breit dargestellten Haus- und Straßensammlungen wurde das WHW zu einer der bekanntesten und den Alltag bestimmenden Erscheinungen im NS-Regime. Das Spendenaufkommen übertraf ab dem Rechnungsjahr 1939/40 die Summe, die aus Steuermitteln für öffentliche Fürsorgeverbände aufgebracht wurde. Der Staatshaushalt wurde somit von Sozialausgaben entlastet.

Sonntag, 31. Dezember 1939.
Der Direktor von Vatis Schule ist mit seiner Frau zu Besuch, um mit uns Silvester zu feiern. Ich bin in mein Zimmer gegangen, um Tagebuch zu schreiben und über 1939 nachzudenken. Wie lang dieses Jahr war! Neujahr in Japan. Dann begannen wir zu packen und uns von unseren Freunden und dem Land zu verabschieden, in dem wir aufgewachsen waren und das wir nicht verlassen wollten. Dann begann unsere Reise. Peking, so schön mit seinen Tempeln, Palästen, alten Toren und Gärten. Danach verbrachten wir einige Tage in Harbin bei unseren russischen Freunden, und dann fuhren wir durch das eisige Sibirien, durch Russland und das noch so friedvolle Polen. Nachdem wir uns kaum in Deutschland eingerichtet hatten, kam der Krieg. Wird der Krieg 1940 zu Ende gehen? Vati sagt, er glaubt es nicht.

Samstag, 20. Januar 1940.
Nur ein paar Worte über das, was gerade in der Welt geschieht. Der finnisch-russische Krieg ist noch nicht zu Ende. Ich bewundere die Finnen ziemlich, und meine ganze Sympathie gehört ihnen. An der Westfront geschieht nichts.

Hier ist jeder ganz sicher, dass Deutschland den Krieg gewinnt. Die Engländer und Franzosen denken genau das Gegenteil. Ich weiß nicht, was ich glauben soll. Das ist alles für heute Abend. Ich denke ich bin ziemlich müde – also gute Nacht!

Sonntag, 21. Januar 1940.
Heute Morgen mussten Ingeborg und ich und die ganze BDM-Gruppe einen langen und langweiligen Vortrag anhören. Der Mann, der zu uns sprach, war so hässlich: Er hatte einen fetten Hals und zwei Speckrollen, die sich wie ein Doppelkinn um seinen Hals ringelten. Er versicherte uns, dass noch in diesem Jahr die deutschen Siegesfahnen im Feindesland wehen. Er sagte, wir könnten durch unseren Glauben dazu beitragen, den Krieg zu gewinnen. Was für eine seltsame Methode, einen Krieg zu gewinnen, und was für eine leichte Methode! Aber was passiert, wenn die Engländer und Franzosen auch glauben? Daran hatte er wahrscheinlich nicht gedacht. Nach seinem Vortrag las er drei

antichristliche Gedichte vor, und damit war die Sache beendet. So ein vergeudeter Sonntagmorgen!

Dienstag, 6. Februar 1940.

Keine Schule! Ist das nicht toll? Es herrscht Kohlenmangel, und weil es sehr, sehr kalt ist (gestern minus 35 Grad!), sind die Schulen geschlossen worden. Natürlich haben wir sehr viele Hausaufgaben auf und dreimal wöchentlich „Spaziergänge" mit unseren Lehrern. Aber das ist gar nicht so schlecht, manchmal sogar richtig nett.

Abb. 8: Marktplatz mit Marienkapelle 1943. (Sammlung Alexander Kraus, Würzburg)

Mittwoch, 10. April 1940.
In letzter Zeit habe ich nicht viel geschrieben. Die Schule ging am 7. März weiter, und seither war ziemlich viel los. Ingeborg und ich nehmen Französischstunden bei einer Französin, die mit einem Deutschen verheiratet ist. Außerdem singe ich in einem Chor. Die Deutschen sind in Dänemark und Norwegen einmarschiert. Dänemark leistete keinen Widerstand, aber in Norwegen gab es einige heftige Kämpfe. Die Zeitungen hier schreiben, dass, wenn die Deutschen nicht in diesen Ländern einmarschiert wären, die Engländer es getan hätten. Eine dümmere Ausrede habe ich noch nie gehört! Aber die Menschen scheinen alles zu glauben, was ihnen die Zeitungen vorsetzen.

Freitag, 10. Mai 1940.
So viele Dinge geschehen, schreckliche Dinge! Heute Morgen marschierten deutsche Truppen in Belgien, Holland und Luxemburg ein. Sie haben Städte in Belgien und Holland bombardiert. Die Holländer öffnen die Deiche, um die Deutschen am Vormarsch zu hindern. Die Königin der Niederlande und der König von Belgien haben Botschaften an England gerichtet und um Hilfe gebeten. Sogar die Schweiz macht mobil. Man kann das gut verstehen, denn kein Land scheint mehr sicher zu sein.

Montag, 24. Juni 1940.
Frankreich ist besiegt! Die Franzosen haben die Kämpfe eingestellt und im berühmten Wald vom Compiègne den Waffenstillstand unterzeichnet. Innerhalb weniger Wochen ist Frankreich, eine große und mächtige Nation, trotz der Hilfe aus England geschlagen worden. Ich hörte Radio Paris, während deutsche Truppen in die Stadt eindrangen. Bis zum Schluss spielten sie Chopins Musik, dann Stille.

Jede Woche gehen die Mädchen meiner Schule und die Schüler aller anderen Schulen ins Kino, wo die Wochenschau läuft. Wir sahen deutsche Truppen Reims, Laon und andere Städte einnehmen. Wir sahen Dörfer, die bis auf die Grundmauern niederbrannten. Überall lagen Tote in den Ruinen. Ich wollte meine Augen schließen, aber ich starrte voller Entsetzen weiter auf die Leinwand. Polen, Dänemark, Norwegen, Belgien, Holland, Frankreich – wird es niemals aufhören?

Tausende von englischen Soldaten haben in Frankreich gekämpft. Sie wurden eingekesselt und zum Schluss auf einem kleinen Gelände bei Dünkirchen zusammengedrängt. Dann kamen Boote aus England, um sie über den Ärmelkanal zurückzubringen. Jeder half mit, und alle verfügbaren Boote wurden eingesetzt: Lastkähne, Fischerboote und kleine Motorboote. Die BBC meldet, dass fast alle Männer England erreicht haben. Ich bin froh, dass sie gerettet wurden.

Manchmal frage ich mich, von welchem Land ich möchte, dass es den Krieg gewinnt – Deutschland oder all die anderen? Und meine Antwort ist immer dieselbe: Ich möchte, dass England gewinnt, weil ich denke, dass die, die so grausam angegriffen wurden, das Recht haben, wieder frei zu sein. Aber klingt das nicht schrecklich? Ich will, dass mein Vaterland diesen Krieg verliert.

Samstag, 13. Juli 1940.

Ab und zu kann man in Zeitungen lesen, dass Leute, die im Radio Auslandssender hören, in Konzentrationslager kommen oder erschossen werden. Trotzdem haben wir das Gefühl, dass wir dieses Risiko eingehen müssen. Natürlich sind wir immer sehr vorsichtig, wenn wir die Nachrichten der BBC hören. Wir schließen die Fenster und Türen, schieben das Radio von der Wand weg und verringern die Lautstärke. Ich weiß nicht was wir tun würden, wenn wir nicht BBC hören könnten. Es ist ein schreckliches Gefühl, nicht zu wissen, was in der Welt passiert, und man weiß es nie, wenn man nur die deutschen Nachrichten hört.

Kapitel 6
Oh, diese glorreiche Freiheit!

Dienstag, 10. September 1940.
Die Ferien sind vorbei und ich bin wieder in der Schule. Die Schule ist gar nicht so schlimm, aber wie ich den BDM hasse!

Gestern Nacht heulten die Sirenen, als wir gerade ins Bett gehen wollten. Einer nach dem anderen schleppten wir uns in den Luftschutzkeller. Die meisten anderen Bewohner des Hauses waren schon versammelt, sie sahen müde und nicht sehr fröhlich aus. Es gibt Stühle da unten, Kissen, Decken, und einige Leute haben Bisquits und Süßigkeiten. Wir saßen herum, gähnten und sprachen über den Krieg. Ingeborg und ich hatten Bücher zum Lesen dabei. Als die Leute sahen, dass wir englische Bücher lasen, regten sie sich ziemlich auf. Früher sprachen Ingeborg und ich im Luftschutzkeller Englisch miteinander, aber die Leute baten Mutti, uns das zu verbieten. Sie können es nicht ertragen, diese Sprache zu hören, während englische Flugzeuge Bomben auf deutsche Städte werfen. Ich fürchte, dass Ingeborg und ich nicht sehr beliebt sind.

Montag, 21. Oktober 1940.
Letzte Nacht mussten wir zweimal hinunter in den Keller. Das erste Mal von 12 bis 1 Uhr, das zweite Mal von 2 bis kurz vor 3 Uhr. Ich bin heute Morgen immer noch sehr müde. Die deutsche Propaganda behauptet, die Engländer seien schlechte Soldaten, und es sei leicht, sie zu besiegen. Meiner Meinung nach gibt man seine eigene Schwäche zu, wenn man sagt, der Feind sei schwach. Wenn die Engländer wirklich so schlechte Soldaten wären, müssten die Deutschen sie dann nicht längst besiegt haben?

Sonntag, 22. Dezember 1940.
Die Ferien sind da, Ferien, auf die man so lange wartet, und wenn sie da sind, gehen sie so schnell vorbei. Alles ist weihnachtlich. Die ganze

Welt liegt unter einer Decke aus Schnee, Glocken läuten. Die Leute über uns üben Weihnachtslieder auf Flöte und Klavier. Wir haben unseren Baum schon gekauft und die Geschenke verpackt. Jeder ist mit Einkaufen und Backen beschäftigt, und es wird viel geflüstert.

Dienstag, 24. Dezember 1940.
Das war so ein schöner Abend! Um 8 Uhr gingen wir Kinder ins Wohnzimmer, wo Vati und Mutti gerade mit dem Schmücken des Weihnachtsbaums fertig waren. Zuerst sangen wir einige Lieder, dann spielten Vati, Ingeborg und ich ein Trio von Haydn, und Ingrid trug ein Weihnachtsgedicht vor. Danach packten wir die Geschenke aus. Wie gut wir es haben, dass wir diesen Abend so glücklich miteinander verbringen können!

Mittwoch, 1. Januar 1941.
Gutes neues Jahr! Und dass es uns Frieden bringen möge! Es schneit und schneit, und der Zaun drunten verschwindet langsam. Wie still und friedlich alles aussieht! Ich habe den Tag damit verbracht, Briefe zu schreiben, Shelley zu lesen und Musik im Radio zu hören. Sie spielten Bachs zweites Violinkonzert, eine Mozart-Symphonie und Chopins Préludes. Es macht mich glücklich, daran zu denken, dass es Dinge gibt, die beständig sind und die von Hass und Krieg unberührt bleiben: Musik, Poesie, Liebe.

Samstag, 1. März 1941.
Wenn nur endlich der Frühling käme! Jeden Tag schaue ich auf dem Schulweg, ob ich an den Sträuchern und Büschen die ersten Spuren von Grün entdecke, und jedes Mal schaue ich vergeblich. Noch nie habe ich mich so nach dem Frühling gesehnt. Es war so ein schrecklich langer und kalter Winter.

Mittwoch, 19. März 1941.
Es ist unglaublich, wie oft man in der Schule „Heil Hitler“ sagen muss. Jedes Mal, wenn ein Lehrer ins Klassenzimmer kommt, müssen wir aufstehen, unsere Arme erheben und „Heil Hitler“ rufen. Wenn der

Lehrer am Ende der Stunde geht, tun wir dasselbe noch einmal. Wir haben ungefähr fünf Fächer am Tag, das heißt fünf Lehrer und zehn „Heil Hitler". Ich öffne nur meinen Mund und sage die Worte nicht, aber auch so ist es schon grässlich genug. Wenn wir einen Lehrer außerhalb der Schule treffen, müssen wir ihn ebenfalls mit „Heil Hitler!" begrüßen.

Ich bin sicher, dass unsere Musiklehrerin so über die Nazis denkt wie unsere Familie. Bei einigen Leuten weiß man das einfach, auch wenn darüber nicht geredet wird. Ich treffe sie manchmal auf dem Schulweg, und wenn niemand in der Nähe ist, sagen wir immer „Guten Morgen!"

Abb. 9: Bahnhofsplatz mit Kiliansbrunnen 1943. (Sammlung Alexander Kraus, Würzburg)

Sonntag, 4. Mai 1941.
Jugoslawien und Griechenland sind besiegt. Wie bisher schon sind die Deutschen siegreich.

Vor einigen Tagen hörten wir Churchill im Radio. Heute hörten wir Hitler. Welch ein Unterschied in der Art zu sprechen! Hitler spricht von den Engländern als den größten Feiglingen und Kapitalisten und Egoisten und weiß Gott noch was, und von Churchill als einem Irren, dem man nicht erlauben sollte, eine Nation zu führen. Auf der anderen Seite spricht Churchill von Deutschland als einer mächtigen Nation und er sagt, dies sei eine der ernstesten Epochen der englischen Geschichte. Jedes Mal wenn Hitler in Bezug auf England einen sehr hässlichen Begriff verwendet, spendet der ganze Reichstag Applaus. Wie gut die Nazis ihre Anhänger dressiert haben!

Kürzlich hörte ich jemanden sagen, dass die Deutschen die freieste Nation der Welt seien. Frei? Mein Gott, wo ist diese Freiheit? Man darf nicht lesen, was man will, man darf im Radio nicht hören, was man will, man darf sich nie, nie über irgendetwas beschweren, man muss sagen, dass alles hier wunderbar ist, sonst . . .

Oh, diese glorreiche Freiheit!

Freitag, 9. Mai 1941.
Ich denke, dass die Vereinigten Staaten vielleicht in den Krieg eintreten. Bis zu einem gewissen Grad tun sie es ja schon, denn sie verkaufen Großbritannien nicht nur Kriegsgüter, sondern sie sorgen auch dafür, dass sie sicher über den Atlantik transportiert werden.

Wenn ein Fremder dieses Tagebuch lesen würde, wäre das eine Katastrophe für mich und meine ganze Familie. Ich darf es niemals herumliegen lassen. Leute sind wegen viel kleinerer Dinge ins Konzentrationslager geschickt worden. Den Nazis ist es egal, welche Methode sie anwenden, um sich ihrer Feinde zu entledigen – und wir sind ihre Feinde und stolz darauf.

Samstag, 31. Mai 1941.
Die Deutschen haben die Insel Kreta eingenommen. Deutsche Soldaten wurden in Flugzeugen hingebracht, aus denen sie mit Fallschirmen

absprangen. Schrecklich viele verloren das Leben, aber das scheint Hitler nichts auszumachen. Er spielt mit seinen Soldaten, als wären es Figuren auf einem Schachbrett. Er kümmert sich wahrscheinlich nur um seinen eigenen Ruhm, obwohl er dauernd über „mein Volk" spricht, für das er bereit sei, alles zu tun und zu opfern. Vielleicht träumt er davon, ein zweiter Friedrich der Große oder so etwas Ähnliches zu sein.

Dienstag, 3. Juni 1941.

Guten Tag! Wir hatten heute eine Mathematikprüfung. Ich mag Mathematik nicht besonders, aber ich denke, dass alle meine Lösungen richtig sind und dass ich eine gute Note bekommen müsste. Morgen werden wir in Englisch geprüft, aber das ist leicht, und ich mache mir keine Sorgen. Obwohl ich ziemlich viel für die Schule arbeite, finde ich noch Zeit, viel zu lesen. Gerade jetzt lese ich Shelleys Briefe. Mit seinem „Hellas" bin ich schon fertig. Ist es nicht unglaublich schön? Besonders die Chöre. Sie könnten in der Gegenwart geschrieben sein, jetzt wo Griechenland von seinen Unterdrückern wieder vernichtet wird.

Samstag, 28. Juni 1941.

Vor einigen Tagen hat Deutschland Russland den Krieg erklärt! Im August 1939 hat Deutschland einen Vertrag mit Russland unterzeichnet. Inzwischen hat die Welt gelernt, was sie von Verträgen und Versprechen der Nazis zu halten hat. Russland ist ein ungeheuer großes Land. Wir brauchten vor zwei Jahren zwei Wochen, um von einem Ende zum anderen zu reisen. Glaubt Hitler wirklich, dass er diese Nation leicht besiegen kann?

Dienstag, 1. Juli 1941.

Ferien sind so etwas Wunderbares! Den ganzen Morgen habe ich Briefe geschrieben. Jetzt weiß ich nicht, wem ich noch schreiben könnte, und werde etwas Klavier spielen. Ich habe eine neue Mazurka von Chopin gelernt. Ich habe nicht vor, in diesem Sommer irgendetwas für die Schule zu tun.

Donnerstag, 24. Juli 1941.
Die Deutschen stoßen in Russland vor, aber wohl nicht ganz so schnell, wie sie gehofft hatten. Sie kämpfen um Smolensk. Eine weitere Armee bewegt sich auf Leningrad zu, eine andere in die Ukraine. Doch unterdessen wird England stärker.

Kapitel 7
Ist dies mein eignes Land?

Eschenbach, Samstag, 2. August 1941.
Ingeborg und ich verbringen hier zwei Wochen unserer Ferien. Die Zugfahrt war schrecklich: ein halbes Dutzend Mal umsteigen und stundenlanges Warten in verschiedenen Bahnhöfen. Sobald wir angekommen waren, bekamen wir ein wunderbares Essen, dann machten wir einen Spaziergang. In der Nähe unserer Pension ist ein kleiner See mit Wasserlilien, und der Wald ist riesengroß. In der Nähe haben Studenten Zelte aufgebaut und sie haben uns eingeladen, morgen mit ihnen Kanu zu fahren. Ich glaube, dass wir hier viel Spaß haben werden.

Eschenbach in der Oberpfalz liegt nördlich des 1910 eröffneten Truppenübungsplatzes Grafenwöhr. Das Königreich Bayern ließ in dem dünn besiedelten, waldreichen Gebiet zunächst einen Schießplatz errichten. Anfang 1907 begann der Erwerb der Grundstücke und bereits im Sommer 1907 wurden die ersten Ansiedlungen geräumt. Insgesamt mussten rund 240 Menschen ihre Heimat verlassen. Die Bestimmungen des Versailler Friedensvertrages bewirkten nach dem Ersten Weltkrieg einen starken Rückgang der Übungstätigkeit.
Von 1936 bis 1938 wurde der Truppenübungsplatz erheblich erweitert, was die Umsiedlung von etwa 3.500 weiteren Personen nötig machte. Ihre Ortschaften wurden abgetragen, einige Reste stehen noch heute als Geisterstädte.
Bereits 1936 begann die Errichtung des sogenannten Westwalls, der sich an der deutschen Westgrenze mit 22.000 Betonbunkern, Panzersperren und anderen Befestigungssystemen erstreckte. Ähnliche Bunker wurden in Grafenwöhr für Beschussversuche und deren Auswertung gebaut.
Während des Zweiten Weltkrieges waren in Grafenwöhr etwa 300 sowjetische Kriegsgefangene in Arbeitskommandos zur Zwangsarbeit eingesetzt. Viele kamen durch Krankheit und Hunger ums Leben.
Nach dem Zweiten Weltkrieg übernahm die US Army den Truppenübungsplatz und nutzte ihn in seiner ursprünglichen Bestimmung weiter.

Donnerstag, 4. September 1941.
Von einem deutschen Offizier, der eben aus Polen zurückgekehrt ist, haben wir gehört, dass Tausende Menschen in Warschau verhungern. Das jüdische Viertel wurde abgeriegelt, niemand darf hinein oder heraus. Er erzählte uns, dass, wenn ein Pole einen Deutschen tötet, die Deutschen sich rächen, indem sie 10 bis 50 Polen erhängen oder erschießen. Er sah ganze Reihen an den Dorfstraßen hängen. Wir hören diese Schreckensnachrichten und können nichts tun. Oh Gott, wenn ich nur irgendwie helfen könnte! Wie nutzlos meine Tränen sind! Niemals, niemals, so lange ich lebe, werde ich den Nazis ihre Taten vergeben!

Sonntag, 28. September 1941.
Fräulein R. und ihr Bruder kamen gestern aus Rom zu Besuch. Es war interessant, etwas über das Leben in Italien zu erfahren. Auch dort sind Lebensmittel rationiert, und die Menschen haben noch weniger zu essen als in Deutschland. Aber man hat dort mehr Freiheit. Man darf jeden Radiosender hören, man kann fast alles sagen, was man möchte, und fast alle Menschen beschweren sich über Mussolini. Fräulein R. glaubt, dass die Italiener sich bald von ihren „Duce“ befreien werden. Ich wünsche, die Deutschen würden das mit Hitler tun! Warum wurde Hitler überhaupt geboren, und warum hat ihn das deutsche Volk zu seinem Gott gemacht und ihm so viel Macht gegeben, dass wir ihm jetzt alle ausgeliefert sind?

Freitag, 5. Dezember 1941.
Heute ist Mozarts 150. Todestag. Meine Schule erhielt den Namen Mozart-Schule. Ist das nicht toll? Sie hätten sie auch Adolf-Hitler-Schule oder Göring-Schule oder so ähnlich nennen können. Ich bin ganz stolz auf meine Schule.

Sonntag, 14. Dezember 1941.
Seit ich das letzte Mal über Politik geschrieben habe, gibt es auf der ganzen Welt so viele neue Kriege, dass es schwer fällt, den Überblick zu behalten. England hat Finnland, Ungarn und Rumänien den Krieg

erklärt; die neue chinesische Regierung hat Deutschland den Krieg erklärt; die holländischen und französischen Kolonien haben Japan den Krieg erklärt; Japan hat England und den Vereinigten Staaten den Krieg erklärt; Deutschland hat den Vereinigten Staaten den Krieg erklärt, und heute hat Bulgarien England den Krieg erklärt.

Die Amerikaner, die total überrascht wurden, konnten bis jetzt noch nicht viel tun, um sich zu verteidigen. Die Japaner haben Pearl Harbour ohne jede Warnung angegriffen. Sie sind auf den Philippinen gelandet und erstürmen Hongkong und andere Plätze.

Abb. 10: Kriegsgefangene beim Schneeräumen am Main. (Stadtarchiv Würzburg)

Von all den hirnlosen Dingen, die Hitler jemals getan hat, scheint mir seine Kriegserklärung an die Vereinigten Staaten das Verrückteste. An der ganzen russischen Front weichen die Deutschen zurück, England wird ständig stärker, und trotzdem erklären die Nazis aus freien Stücken den Vereinigten Staaten den Krieg. Das wird zweifellos dazu beitragen, dass das Ende des Krieges schneller kommt.

Sophienhöhe, Samstag, 27. Dezember 1941.

Es tut mir leid, dass ich nicht früher geschrieben habe, aber unsere Koffer sind gerade eben erst angekommen. Wir, also Vati und ich, sind gestern hier eingetroffen. Vati hatte das Gefühl, dass er einen Urlaub braucht, und ich habe das Glück, diejenige von der Familie zu sein, die ihn begleiten darf.

Als wir ankamen, wurden wir am Bahnhof von einem gewaltigen Schneesturm begrüßt. Zwei Stunden mussten wir durch diesen Schneesturm zum Haus Sophienhöhe laufen, einer reizenden Pension in der Rhön. Als wir unser Ziel erreichten, waren wir mehr tot als lebendig. Heute Morgen war dann allerdings wunderbares Wetter, und wir haben einen langen Spaziergang im Wald unternommen. Oft kamen wir an Orten vorbei, die wie Bilder auf Weihnachtskarten aussahen: halb zugefrorene kleine Seen, kleine Kiefern, schwer mit Schnee beladen, Spuren von Hase oder Fuchs im dunklen Wald.

Wir haben vor, viel zu laufen, und sicher haben wir viel mehr Bücher mitgebracht, als wir lesen können. Jedenfalls bin ich sicher, dass wir hier eine wunderbare Zeit haben werden.

Frankenheim ist die am höchsten gelegene Gemeinde der Thüringer Rhön. Wegen seines subalpinen Klimas war Frankenheim seit dem 19. Jahrhundert bis zum Ende des Zweiten Weltkrieges ein Höhenluftkurort. 1914/15 entstand das erste Kurhaus namens „Sophienhöhe“. Wegen seiner unmittelbaren Lage an der innerdeutschen Grenze wurde das Gebäude am 31. August 1967 gesprengt und dem Erdboden gleichgemacht.

Donnerstag, 5. Februar 1942.
Die Lebensbedingungen in Deutschland werden ziemlich hart, wenig Lebensmittel, keine Schuhe, keine Kleider, keine Seife, nichts, nichts, wohin man schaut. Die Lebensmittelrationen sind beträchtlich gekürzt worden. Die „Frauenschaft", die Nazi-Frauenorganisation, gibt Rezepte heraus für Mahlzeiten, die aus Kartoffeln und Mehl und sonst praktisch nichts bestehen. Von einem Nachbarn, der Arzt ist, hörten wir, dass Krankheiten wie Rachitis und Tuberkulose zunehmen. Kein Wunder, wenn man bedenkt, dass zur ungenügenden Ernährung noch die verlängerte Arbeitszeit kommt.

Die NS-Frauenschaft (NSF) wurde im Oktober 1931 als Zusammenschluss mehrerer nationaler und nationalsozialistischer Frauenverbände gegründet und von der NSDAP zur einzigen „parteiamtlichen" Frauenorganisation erklärt. Nach der Machtübernahme der NSDAP 1933 diente die NSF als Kerntruppe überzeugter Anhängerinnen des NS-Regimes der politischen Gleichschaltung aller anderen, nicht-nationalsozialistischen Frauengruppierungen. Die Mitglieder mussten mindestens einmal im Monat an den wöchentlich stattfindenden Frauenschaftsabenden teilnehmen. Der Schwerpunkt lag in der Vorbereitung von Frauen auf ihre Aufgaben als Hausfrau und Mutter.

Ostersonntag, 5. April 1942.
Dies ist ein himmlischer Tag. Draußen ist es sonnig und warm, wie im Frühsommer. Ich sitze am offenen Fenster und höre Bachs Osteroratorium im Radio. Gestern waren wir sehr fleißig. Wir halfen alle gemeinsam, die Wohnung zu putzen, und ich habe Plätzchen gebacken.

Dienstag, 2. Juni 1942.
Wir sollten eigentlich sieben Wochen Sommerferien haben, doch dieses Jahr müssen wir, meine Klassenkameradinnen und ich, arbeiten. Nein, natürlich nicht in der Schule. Wir müssen entweder in einer Fabrik oder in einer Familie, die mehr als vier Kinder hat, bei der Hausarbeit helfen. Es gibt noch eine andere Möglichkeit: Arbeit auf einem Bauernhof in Polen. Das habe ich vor. Ich wollte schon immer nach Polen zurückkehren, und hier ist die Gelegenheit. Wir werden nicht auf polnischen, sondern auf deutschen Bauernhöfen arbeiten. Trotz-

dem freue ich mich ziemlich darauf, auch wenn wir dort sechs Wochen bleiben müssen – eine sehr lange Zeit. Ich habe noch nie auf einem Bauernhof gearbeitet.

Abb. 11: Ausfahrt des Burkarder Umlaufkanals 1943. Der Kanal, angelegt von Balthasar Neumann und mit einer 50 Meter langen Schleusenkammer versehen, diente zur Umfahrung der 1,2 Meter hohen Muschelkalkstufe, die den Main zum Antrieb der Unteren Mainmühle staut, und machte den Bereich um die Burkarder Kirche zu einer Halbinsel. Als nach dem Zweiten Weltkrieg die neue Schleuse entstand, wurden große Teile des Kanals aufgefüllt und überbaut. (Sammlung Alexander Kraus, Würzburg)

Sonntag, 28. Juni 1942.
Ich fahre nun doch nicht nach Polen! Vor einigen Tagen erhielt ich einen Brief von einer BDM-Führerin; ich sollte zu ihr nach Hause kommen. Zuerst ließ sie mich all die Sachen aufschreiben, die ich mitnehmen müsste. Dann erzählte sie mir fast eine Stunde lang, wie wichtig unsere Arbeit in Polen ist. Alle Mädchen, die dorthin fahren, leben in einem Lager und werden von BDM-Leuten beaufsichtigt. Früh am Morgen gehen wir zu den Bauern. Allerdings sollen wir ihnen weniger bei der Arbeit auf dem Feld und im Haus helfen, sondern ihnen vielmehr zeigen, wie sie Polen behandeln – beziehungsweise misshandeln – sollen.

Sie sagte, dass deutsche Bauern, die seit langem in Polen leben, vergessen, dass sie Deutsche sind. „Sie essen gemeinsam mit ihnen", sagte sie, „und am Abend sitzen sie mit den Polen zusammen und unterhalten sich mit ihnen. Wir vom BDM müssen sie daran erinnern, dass sie zu einer anderen und wertvolleren Rasse gehören. Wir müssen ihnen vom Führer erzählen und davon, was er alles für Deutschland getan hat."

Kann sich irgendjemand vorstellen, dass ich so etwas tue?

Hörgertsham, Donnerstag, 30. Juli 1942.
Vor einigen Tagen sind wir in Hörgertsham angekommen, einem Dorf in der Nähe der österreichischen Grenze. Wir verbringen hier unsere Ferien. Jetzt gerade liege ich auf einer Wiese und tue nichts. Ich habe eine Menge Bücher mitgebracht und natürlich mein Tagebuch. Das Essen ist hier so gut; den Bauern geht es viel besser als uns in der Stadt.

Wie man sieht, arbeite ich in diesem Sommer nicht. Als ich mich entschloss, nicht nach Polen zu gehen, waren allen anderen Mädchen schon Arbeitsstellen zugeteilt worden. Offensichtlich haben mich die Leute im Arbeitsamt vergessen, und natürlich habe ich sie nicht daran erinnert, dass ich noch ohne Arbeit bin. So kann ich den Sommer genießen. Ich bin ein Glückspilz!

Hörgertsham, südwestlich von Passau am Rand des Niederbayerischen Bäderdreiecks gelegen, ist heute ein Ortsteil von Ruhstorf an der Rott. Die Grenze zu Österreich ist 15 Kilometer entfernt.

Hörgertsham, Donnerstag, 20. August 1942.
Es gibt hier einen Mann, der mehrere Jahre in einem Konzentrationslager war. Er sieht sehr alt aus, aber er ist erst 50. Er arbeitet hier und schläft in der Scheune. Als er sich einmal am Brunnen wusch, sahen wir, dass sein Rücken voller Striemen und Narben ist. Wir hörten, dass er im Konzentrationslager geschlagen wurde. Mutti versuchte, etwas aus ihm herauszubekommen, aber er sagte kein Wort.

Samstag, 10. Oktober 1942.
Ich denke manchmal, dass das Leben nach einem Sieg der Nazis ganz unerträglich wäre – in Deutschland genauso wie in jedem Land, das die Deutschen besetzt haben. Schon jetzt ist es schlimm genug. Alles wird von oben organisiert, und jede Eigenständigkeit wird den Deutschen ausgetrieben. Mir erscheinen sie bereits sehr gut abgerichtet, denn sie nennen dies den idealen Staat und sie sagen mit offensichtlichem Stolz: „Alles was wir haben, verdanken wir dem Führer!"

Und ich denke: „Was hat er uns denn gegeben, dieser Nazigott?" Nichts als Leid. Kann man wirklich erwarten, dass wir ihn lieben? Den wichtigen Leuten der Partei geht es gut. Sie bekommen zehnmal soviel Lebensmittel wie wir, sie fressen sich bei Festen voll und fahren in ihren Luxusautos herum, ohne auch nur den Kopf zu wenden und nach den armen alten Juden in Lumpen zu schauen, die die Straße kehren, oder nach den Kriegsgefangenen in zerrissenen Kleidern und ohne Schuhe. Sie verschwenden keinen Gedanken auf diese Kriegsgefangenen und Fremdarbeiter, die die Straßen nach Essensresten absuchen. Sie genießen das Leben und wissen dabei ganz genau, was für unmenschliche Dinge in den Konzentrationslagern geschehen.

Ich kenne das Gedicht von Sir Walter Scott, das mit diesen Zeilen beginnt:
„Breathes there a man, with soul so dead,
Who never to himself hath said,
This is my own, my native land?"
(„Gibt es einen Menschen, mit toter Seele, /
der niemals zu sich selber sagte, /
Ist dies mein Land, mein eignes Land?")

Auch ich sage „Ist dies mein eignes Land?“, könnte ich doch nur einmal Stolz und Glück empfinden, wenn ich es sage! Stattdessen ist mein Herz von Scham erfüllt, wenn ich sehe, wie unwürdig sich das Volk verhält, dem ich angehöre.

Kapitel 8
Ein fürchterlicher Schatten

Sonntag, 1. November 1942.
Nicht weit von unserem Haus steht ein großes Gebäude, ein Heim für alte Juden. Inzwischen lebten nicht nur alte, sondern alle möglichen Juden dort. Jedes Mal, wenn wir vorbeikamen, sahen wir sie hinein- und herausgehen, und ihre Gesichter schienen jedes Mal trauriger. Nun werden die Deutschen ihnen dieses Haus wegnehmen! Was passiert mit ihnen? Wohin gehen sie?

Sonntag, 15. November 1942.
Die Amerikaner haben Tausende von Männern in Französisch-Nordafrika gelandet! Die Leute hier scheinen gar nicht zu erkennen, wie wichtig das ist. Dies ist vielleicht der Wendepunkt des Krieges. Ist das nicht aufregend? Ich höre dauernd die Nachrichten aus London, und manchmal fällt es mir schwer, nicht jedem zu erzählen, was die Engländer gesagt haben. Ich vergesse, welche Nachrichten ich in den deutschen Zeitungen gelesen habe. Manchmal bin ich kurz davor, etwas zu erwähnen, das ich in der BBC gehört habe, und dann fällt es mir gerade noch rechtzeitig ein. Ich muss mir wirklich beibringen, erst nachzudenken, bevor ich etwas sage.

Nun ist es Winter geworden. Draußen weht ein eisiger Wind. Ich höre, wie er ums Haus pfeift und bin so froh, dass ich in meinem schönen warmen Zimmer bleiben und lesen kann. Ich bin gerade mit „Good-bye, Mr. Chips“ fertig geworden, ein großartiges Buch. Heute fangen unsere Quartett-Abende wieder an. Vati und ein Nachbar spielen Geige, eine meiner Freundinnen spielt Viola und ich Cello. Die Noten liegen schon auf den Notenständern, einige Quartette von Haydn. In gewisser Weise ist der Winter auch schön, oder?

Der Roman „Good-bye, Mr. Chips“ des englischen Autors James Hilton, erschienen 1934, erzählt die Geschichte eines unbeliebten Lehrers, der sich durch die Liebe in einen vorbildlichen Pädagogen verwandelt.

Donnerstag, 10. Dezember 1942.

Ein fürchterlicher Schatten hängt drohend über dieser vierten Kriegsweihnacht. Es ist so unmenschlich, dass ich kaum darüber schreiben kann. Vor einigen Monaten zwangen die Nazis alle Juden, gelbe Sterne mit der Aufschrift „Jude“ an ihre Kleidung zu nähen. Auf diese Weise konnte jeder einen Juden sofort erkennen. Diese armen Menschen erhielten noch weniger Lebensmittel als wir. In den meisten Geschäften durften sie nicht mehr einkaufen, und die Parkbänke trugen gewöhnlich Schilder mit der Aufschrift „Für Juden verboten“. Am Eingang zu Gaststätten, Büchereien oder Konzertsälen waren Schilder, die Juden den Eintritt untersagten.

Seit einiger Zeit sehe ich keine Juden mehr in den Straßen, und das jüdische Altersheim ist jetzt mit Deutschen belegt. Ich hatte keine Ahnung, wohin sie alle gekommen waren, und war schrecklich schockiert, als ich hörte, dass alle Juden, die in Deutschland leben, nach Polen geschickt wurden, wo sie mit Tausenden von polnischen Juden – Männern, Frauen und Kindern – getötet werden sollen! Ist das möglich? Es ist so grausam, so unglaublich grausam! Ich dachte nicht, dass sogar die Nazis so etwas tun könnten. Gibt es denn gar nichts, das wir unternehmen könnten, um zu helfen? Oh, wie furchtbar sinnlos unsere Tränen sind!

Abb. 12: Am 25. April 1942 werden 850 jüdische Männer, Frauen und Kinder zum Güterbahnhof Aumühle getrieben. Der Weg, an dem das Bild entstand, endet an den Bahngleisen. Im Hintergrund ist die St.-Josefs-Kirche in Grombühl zu erkennen. (Ernst Gortner, Nürnberg)

Montag, 28. Dezember 1942.

Wir sind nicht die Einzigen, denen es vor den Grausamkeiten der Nazis graut. Immer mehr Menschen wenden sich gegen Hitler. Die meisten unserer Freunde und Bekannten hassen die Nazis, und ein- oder zweimal im Monat treffen wir uns, gewöhnlich in unserem Haus, um unseren Gefühlen Luft zu machen. Ein Universitätsprofessor ist dabei, der Inhaber eines Lebensmittelgeschäfts, meine Französischlehrerin und ihre Tochter, ein Zahnarzt und einige andere. Oft hören wir in Auslandssendern Nachrichten, und fast jedes Mal weiß jemand etwas Neues, das er gehört oder gesehen hat – Gerüchte und Tatsachen. Es werden auch wirklich lustige Witze über Hitler erzählt. Ich weiß nicht, wer sie sich ausdenkt, aber es gibt dauernd neue. Vati sammelt sie und schreibt sie in sein kleines Notizbuch. Gewöhnlich bringt einer unserer Gäste eine Flasche Wein mit, die er irgendwo besorgt hat, oder Kuchen oder Süßigkeiten, und alle bleiben bis spät in der Nacht.

Freitag, 1. Januar 1943.
Es schneit und schneit und schneit. Ich kann mir so gut vorstellen wie Friedensglocken in dieser Winterstimmung klingen würden. Aber langsam verliere ich die Hoffnung, dass dieser Krieg jemals aufhört.

Sonntag, 3. Januar 1943.
Das Interessanteste, das im Moment in der Politik passiert, ist die Offensive der Russen. An jeder Front rücken sie vor. Mehrere deutsche Divisionen sind eingeschlossen, und es sieht sehr gut für die Russen aus. Viele Leute, die früher voller Enthusiasmus über den Krieg gesprochen haben, sagen nun überhaupt nichts mehr.

In Afrika geschieht nicht viel. Beide Seiten bereiten sich auf eine Schlacht vor – jedenfalls sieht es so aus. Ich denke, wir werden in diesem Jahr eine Menge Überraschungen erleben. Falls die Engländer in Afrika siegen, marschieren sie vielleicht sogar in Frankreich oder Italien ein. Wer weiß?

Freitag, 8. Januar 1943.
Die gesamte deutsche Armee ist in Stalingrad eingekesselt und vernichtet worden! Hitler hat den Offizieren verboten, den Kampf zu beenden, und so konnten sie sich nicht rechtzeitig zurückziehen. Was müssen diese armen Soldaten gelitten haben; Munition und Essensvorräte schwanden dahin, sie waren umzingelt und es gab keinen Befehl, den Kampf aufzugeben! Die Nazis kümmert das nicht, solange sie selbst sicher sind.

Dienstag, 2. Februar 1943.
Wir, die wir hier in Deutschland leben, werden viel ertragen müssen, bevor der Krieg aus ist, und auch danach. Außer der Härte des Krieges werden wir die Schmach tragen müssen, der Nation anzugehören, die

den Krieg begonnen hat – und die ihn verlieren wird. In all ihrem Leid bewahren sich die anderen Nationen doch ihren Stolz. Ich denke, dass es Deutsche gibt, die das Schicksal verdienen, das auf sie wartet. Aber die Unschuldigen, die niemals über das Unglück der anderen gejubelt haben, werden ebenfalls leiden müssen. Ich wage nicht zu hoffen, dass die Welt einen Unterschied machen wird zwischen ihnen und den Ungerechten. Aber es wird uns ein Trost sein zu wissen, dass wir nichts Falsches getan oder gewünscht haben.

Freitag, 26. Februar 1943.
Drei Studenten der Münchner Universität, ein Mädchen, ihr Bruder und einer ihrer Freunde, wurden vor einigen Tagen enthauptet! Sie hatten heimlich Flugblätter gedruckt und in mehreren bayerischen Städten verteilt. Sie hatten auch Anti-Nazi-Sprüche auf Gehsteige und an die Türen öffentlicher Gebäude geschrieben. Vor etwa zwei Wochen gingen sie in der Dunkelheit mit einem Koffer voller Flugblätter zur Universität. Sie verstreuten sie in den Gängen und legten sie auf Stühle und Schreibtische. Aber der Hausmeister hatte sie gesehen. Er verschloss die Türen, so dass sie das Gebäude nicht verlassen konnten und alarmierte dann die Gestapo. Die Studenten wurden verhaftet und etwa zehn Tage später enthauptet. Das Mädchen war erst 21, ihr Bruder zwei Jahre älter. Wie jung sie waren, als sie starben! Und wie tapfer sie waren!

Dienstag, 23. März 1943.
Wir, die Mädchen in meiner Klasse, müssen zwei Monate lang arbeiten, entweder auf einem Bauernhof oder bei einer kinderreichen Familie. Vorher müssen wir in ein Nazi-Lager. Mich stört nicht die Arbeit, obwohl ich zugeben muss, dass ich lieber in die Schule gehen würde, sondern die Tatsache, dass wir für die Nazis, die ich verabscheue, arbeiten sollen.

Sonntag, 9. Mai 1943.
Gestern bin ich aus dem Nazi-Lager zurückgekommen. Früh am Donnerstagmorgen mussten wir am Bahnhof sein, natürlich in BDM-Uni-

form. Es war sehr früh (5.45 Uhr) und ich war froh, denn zu dieser Zeit sind nicht viele Leute auf der Straße. Ich will nicht in einer Uniform mit Hakenkreuz gesehen werden! Das Lager liegt in der Rhön. Als wir ankamen, war es fast 10 Uhr. Die Sonne schien, und die Luft war so klar und frisch, dass ich nicht mehr ganz so unglücklich war.

So liefen unsere Tage ab: Um 7 Uhr kam die BDM-Führerin in unser Zimmer – wir waren darin zu acht – und weckte uns. Dann hatten wir Zeit bis 8 Uhr, um uns an einem Brunnen im Hof zu waschen, uns anzuziehen und die Betten zu machen. Das Frühstück bestand aus einem grässlichen Getränk, das sie Kaffee nannten, einer Scheibe Brot mit Butter und einer zweiten Scheibe, die mit Kunsthonig bestrichen war.

Danach versammelten wir uns im Hof, sangen ein Lied über den „Führer" und hissten die Fahne. Den restlichen Vormittag über mussten wir uns anhören, wie man Babys und Kleinkinder betreut, wie man einen Haushalt führt und kocht etc. Sie sagten uns, dass wir stolz sein sollten, dass wir „unserem Führer" helfen dürfen. Am Nachmittag trieben wir Sport, hörten weitere Vorträge und hatten etwas Zeit für uns. Ich verbrachte sie mit Spaziergängen im Wald. Nach dem Abendessen las jemand über Friedrich den Großen oder Hitler vor. Dann wurde die Fahne eingezogen und wir mussten um 21.30 Uhr im Bett sein. Es waren schreckliche Betten!

Ich war überhaupt nicht traurig, nach Würzburg zurückzukommen. Andererseits war das Leben in einem Nazi-Lager eine ziemlich interessante Erfahrung.

Abb. 13: Die Alte Mainbrücke mit der Kirche St. Burkard 1943. Im Hintergrund ist die heute nicht mehr existierende Mühle am Burkarder Umlaufkanal zu erkennen. Die Mühle, die bis 1927 in Betrieb war, verfügte auch über ein Pumpwerk zur Wasserversorgung der umliegenden Häuser und Betriebe. (Sammlung Alexander Kraus, Würzburg)

Sonntag, 25. Juli 1943.
Seit Ewigkeiten habe ich nicht mehr geschrieben. Mein Schweigen hat zwei Gründe. Der erste ist, dass ich kein richtiges Tagebuch mehr habe. Seit einigen Monaten schreibe ich auf losen Blättern. Es ist unmöglich, ein Notizbuch oder etwas Ähnliches zu bekommen.

Und der zweite Grund – nun, ich glaube, ich habe mich verliebt. Ich traf ihn vor einiger Zeit, und wir haben uns seitdem ziemlich oft gesehen. Er ist sehr lieb, und ich mag ihn sehr gerne, aber ich weiß nicht, ob er meine Gefühle erwidert. Aber er ist gerne mit mir zusammen. Er kommt ziemlich oft zu uns nach Hause, und Vati und Mutti unterhalten sich gerne mit ihm – meistens über Politik. Er und ich sprechen auch über Politik, aber sonst meistens über Bücher und griechische Philosophen, über die Reform des Staates, Frauenemanzipation und so weiter. Es gibt nichts, worüber man sich mit ihm nicht unterhalten kann.

Übrigens ist er Arzt. Er ist im Ausland aufgewachsen, und möglicherweise kommt er mir deshalb anders als die anderen vor. Wir waren ein paar Mal tanzen und vorgestern haben wir Schillers Schauspiel „Maria Stuart" gesehen. Danach saßen wir einige Zeit in einem Café und dann gingen wir zum Fluss hinunter. Ich glaube, ich habe noch nie so viele Sterne am Himmel leuchten sehen.

Bald wird er Würzburg verlassen, da er sein Studium abgeschlossen hat, und in den Krieg ziehen. Ich bin glücklich, dass er zum Heilen und nicht zum Töten einberufen ist.

Montag, 9. August 1943.

Gerade war mein Freund hier, um sich zu verabschieden. Heute Mittag verlässt er Würzburg endgültig. Ich werde ihn schrecklich vermissen. Ich fühle, dass ich ihn nie mehr sehen werde.

Freitag, 20. August 1943.

Ich weiß, ich habe mein Tagebuch vernachlässigt. Heute Abend will ich versuchen zu berichten, was sich in der Welt tut. Nachdem sie ihren Feldzug in Afrika zu einem befriedigenden Ende gebracht haben, sind die Engländer auf Sizilien gelandet, das sich fast ganz in ihrer Hand befindet. Mussolini ist weg! General Badoglio hat die Regierung in seinem Land übernommen.

Pietro Badoglio (1871–1956) war ein italienischer Offizier, zuletzt im Rang eines Marschalls, und Politiker. Nach dem Sturz des faschistischen Diktators Benito Mussolini am 25. Juli 1943 wurde er von König Viktor Emanuel III. als Ministerpräsident eingesetzt.

Nur sechs Tage später bot Badoglio den westlichen Alliierten, die seit dem 10. Juli die Insel Sizilien besetzten, Verhandlungen an. Im neutralen Lissabon kam es Anfang August zu ersten Kontakten zwischen seinen Unterhändlern und britischen Diplomaten. Das Ergebnis wurde am 8. September 1943 verkündet. Die

Kapitulation Italiens bedeutete einen Frontwechsel des mit Deutschland verbündeten Italien.
Die deutsche Wehrmacht besetzte daraufhin Nord- und Mittelitalien, schloss Rom ein und nahm etwa 800.000 italienische Soldaten gefangen. Die Deutschen befreiten Mussolini, dessen Verhaftung Badoglio angeordnet hatte, und setzten ihn am 23. September 1943 als Chef der Repubblica Sociale Italiana (oder Repubblica di Salò) ein. Sie nahm ihre Arbeit in Salò am Gardasee auf. Der König floh mit Badoglio über Pescara in das unbesetzte Brindisi. Auf Druck der Alliierten erklärte Italien Deutschland am 13. Oktober den Krieg.

Freitag, 3. September 1943.
Heute Morgen, am Jahrestag von Englands Eintritt in den Krieg, sind englische Truppen in Süditalien gelandet. Als sie auf Sizilien landeten, gab es Mussolini noch. Jetzt ist er weg, fast schon vergessen, und es gibt eine neue antifaschistische Regierung. Ich denke nicht, dass die Italiener noch lange gegen die Alliierten kämpfen werden.

Montag, 13. September 1943.
So viel ist in letzter Zeit passiert! Als ich zum letzten Mal schrieb, ging es um die Landung der Engländer in Italien. Vor einigen Tagen hörte ich im Radio Mozart. Am Ende der Sendung, als ich mehr Musik suchte, blieb ich einen Moment bei der BBC hängen. Dort liefen gerade Nachrichten, und ich schnappte das Wort „Kapitulation" auf. Ich konnte mir nicht vorstellen, was das zu bedeuten hatte. Dann begriff ich: Italien hatte bedingungslos kapituliert.

Vati, der bei mir im Zimmer war, und ich waren so aufgeregt, dass wir die restlichen Nachrichten gar nicht abwarteten. Schnell informierten wir die anderen, dann wurde ich zu einigen unserer Freunde geschickt, um ihnen die Nachricht ebenfalls zu überbringen, falls sie sie nicht schon gehört hatten. Das ist eine gute Nachricht, nicht wahr? Italien war Deutschlands engster Verbündeter. Nach einigen Tagen erfuhren auch die Deutschen davon. Viele Menschen sind böse auf die Italiener, man hörte Ausdrücke wie „diese Verräter", „diese Hunde" usw.

Mittwoch, 15. September 1943.
Habe ich schon über die schrecklichen Luftangriffe auf deutsche Städte geschrieben? Städte wie Köln, Hamburg, Essen und zuletzt auch Berlin haben solch fürchterliche Angriffe erlebt, dass sie nun fast ganz zerstört sind. Es geschieht jetzt oft, dass Frauen, die befürchteten, dass ihre Männer nicht aus dem Krieg zurückkehren, selbst getötet werden, und die Männer an der Front sind in ständiger Sorge um ihre Angehörigen zu Hause.

Sonntag, 26. September 1943.
Die Russen rücken überall vor. Gestern haben sie Smolensk eingenommen, das ist ein wichtiger Sieg. Vor etwa zwei Jahren eroberten deutsche Truppen diese Stadt, und ich erinnere mich an die Fanfaren im Radio und die triumphierenden Überschriften in den Zeitungen. Ja, das waren bessere Zeiten für die Nazis! Man muss nur alte Zeitungen mit den heutigen vergleichen. Für diesen Zweck haben wir viele aufgehoben. Damals hieß es dauernd, dass die Russen geschlagen seien und sich nie wieder erheben könnten. Und heute – wie bescheiden sie geworden sind. Kein Wort darüber, dass England vernichtet wird, kein Wort über die Einnahme Moskaus. Nun heißt es bloß, dass sich die deutsche Armee hier und da aus strategischen Gründen zurückziehen muss. Aber diese Veränderung ist so langsam gekommen, dass die meisten Leute sie kaum bemerken.

Montag, 4. Oktober 1943.
Ich weiß nicht, ob ich schon erwähnt habe, dass ich nicht mehr zu BDM-Treffen gehe. Vor einigen Jahren wurde in Würzburg ein Orchester der Hitler-Jugend gegründet. Als ich davon erfuhr, beschloss ich hinzugehen und zu fragen, ob sie mich aufnehmen, obwohl ich keine besonders gute Cellospielerin bin. Ich hatte erfahren, dass die Mitglieder des Orchesters nicht an Treffen des BDM oder der Hitler-Jugend teilnehmen müssen. Musik ist so viel schöner als Reden über Politik und Versammlungen!

Ich durfte dem Orchester beitreten und ein ganzes Jahr nahm ich an den wöchentlichen Proben teil. Das war übrigens ganz nett. Wir spielten einige der leichteren Symphonien von Haydn und Mozart. Gelegentlich fanden Konzerte in Würzburg und Orten in der Umgebung statt.

Unser Dirigent war ein Musiklehrer von einer Würzburger Schule. Ich bin sicher, dass er kein Nazi ist, denn er sagte, dass wir unsere Uniformen zu den Proben nicht tragen müssten. Und er sagte immer „Guten Abend“ statt „Heil Hitler“. Vor zwei Monaten musste er uns verlassen und an die russische Front, und weil niemand da ist, der seinen Platz einnehmen kann, existiert das Orchester nicht mehr. Die Leitung der Hitler-Jugend wurde offensichtlich nicht informiert, denn keiner von uns hat seitdem etwas von ihr gehört. Ich brauche wohl nicht zu erwähnen, dass ich hoffe, dass es so bleibt.

Freitag, 3. Dezember 1943.
Letzten Sonntag ging ich mit Mutti zur Kirche und sah Frau H., ein bekanntes Mitglied der Nazi-Frauenorganisation, wie gewöhnlich am Eingang stehen. Sie hielt ein Notizbuch in ihrer Hand und schrieb die Namen all jener auf, die den Gottesdienst besuchten. Ich habe gehört, dass sonntags vor jeder Kirche jemand von der Partei steht. Die Nazis wollen, dass wir nur einen Gott haben – Hitler – und mögen deshalb keine Leute, die in die Kirche gehen.

Die Jugendorganisationen haben ihre wöchentlichen Treffen gewöhnlich am Sonntagmorgen, so dass junge Menschen nicht in die Kirche gehen können. Oft marschieren sie an den Kirchen vorbei und singen Nazilieder so laut, dass man die Predigt kaum versteht.

Samstag, 11. Dezember 1943.
In Würzburg ist ein Club namens „Edelweiß“ entstanden. Die Mitglieder sollen meist Studenten sein. Sie haben schon mehrere Geschäfte und Lagerhäuser angesteckt. Leute, die Naziuniformen tragen, werden nach Einbruch der Dunkelheit angegriffen. Naziplakate werden zerrissen, Sprüche gegen Hitler und die Partei an Hauswände gemalt. Die Gestapo versucht verzweifelt herauszufinden, wer hinter all dem steckt.

Donnerstag, 27. Januar 1944.
Ich habe überhaupt kein schlechtes Gewissen, dass ich so lange nicht geschrieben habe, denn ich stecke mitten in den Abiturprüfungen. Wir hatten erwartet, dass sie gegen Ende Februar anfangen. Am letzten

Montag kommt aber unsere Mathematiklehrerin ganz nervös ins Klassenzimmer und sagt: „Die Prüfungen beginnen morgen. Wir haben gerade eine Mitteilung aus dem Erziehungsministerium bekommen." Wir waren so aufgeregt, dass wir alle durcheinander redeten. Bald wurden wir zum Lernen nach Hause geschickt.

Heute ist Donnerstag, und wir haben die Prüfungen in Deutsch, Mathematik und Englisch abgelegt, jeden Tag eine. Wir sind gewöhnlich um 10.30 Uhr fertig und haben den Rest des Tages, um uns auf das nächste Prüfungsfach vorzubereiten.

Abb. 14: Ortrun (ganz rechts im karierten Kleid) mit ihrer Abschlussklasse, Anfang 1944. (Ortrun Scheumann, Bad Dürkheim)

Samstag, 12. Februar 1944.
Heute bin ich zum allerletzten Mal in die Schule gegangen. Wir erhielten unsere Abiturzeugnisse, und dann gab es etwas Musik und eine Rede des Direktors. Wir verabschiedeten uns von allen Lehrern und voneinander. Es war ein seltsames und trauriges Gefühl, all diese Menschen, die ich so lange kenne, zum letzten Mal zu sehen, die Gänge entlangzugehen, ins Klassenzimmer zu schauen, in dem wir täglich saßen, und dann die breite Treppe hinunterzugehen, alles zum letzten Mal.

Kapitel 9
Kein Brot mehr für Russen

Sonntag, 20. Februar 1944.
Vor einigen Tagen wurden die Mädchen, mit denen ich zur Schule ging, und ich von einem Arzt untersucht um festzustellen, ob wir beim Arbeitsdienst eingesetzt werden können. Weil ich nicht sehr kräftig bin, erlaubte mir der Doktor, bis zum November zu Hause zu bleiben. Ich bin so froh. Je länger dieser furchtbare Arbeitsdienst aufgeschoben wird, desto besser. Natürlich darf ich mein Studium an der Universität nicht beginnen. Aber es gibt so viel anderes, das ich tun kann und tun werde.

Alle anderen Mädchen aus meiner Klasse müssen mit dem Arbeitsdienst vor dem 10. März anfangen. Ein Dreivierteljahr lang werden sie in einem Nazi-Lager leben und arbeiten. Darauf folgt noch ein Dreivierteljahr Kriegsdienst. Das sind eineinhalb Jahre, bevor wir zum Studium an die Universität gehen können.

Dienstag, 29. Februar 1944.
Ingeborg ist jetzt in Berlin und arbeitet dort im Außenministerium. Es ist schlimm, sie dort zu wissen, wegen all der Luftangriffe. Wenn wir jetzt hören, dass Berlin wieder angegriffen wurde, dann kann man sich leicht vorstellen, welche Sorgen wir uns machen, bis wir eine Nachricht von ihr erhalten.

Gonsenheim, Sonntag, 2. April
Bist du nicht überrascht, dass ich hier bin? Ich bin selbst überrascht – alles ging so schnell. Am Freitag kam eine Nachricht vom Arbeitsamt, dass ich bis November vom Arbeitsdienst zurückgestellt bin. Allerdings wurde mir mitgeteilt, dass ich stattdessen in einer Fabrik arbeiten soll. Da bin ich einfach weggerannt! Ich bleibe bis Mittwoch bei Tante Rosa, danach fahre ich eine Woche mit Vati nach Straßburg.

Und die Leute vom Arbeitsamt können nichts machen, bis ich wieder in Würzburg bin. Mutti rief dort an und sagte, dass ich im Urlaub bin und dass sie nicht weiß wo.

Ich werde mir jetzt Lisbeths Fahrrad ausleihen und hinunter zum Rhein fahren. Das Wetter ist herrlich – sonnig und windig. Bis bald!

Straßburg, Samstag, 8. April 1944.
Nach einer ziemlich ermüdenden Reise – ich musste die ganze Zeit stehen – bin ich in Straßburg angekommen, das noch schöner ist, als ich erwartet hatte. Vati war am Bahnhof, um mich abzuholen. Wir haben eine wunderbare Zeit, ausgefüllt mit Besichtigungen, mit Essen in kleinen Restaurants, in denen wir zu den Mahlzeiten französischen Rotwein trinken, mit der Bewunderung der wirklich majestätischen Kathedrale und der eleganten Geschäfte. Sehr französisch! In ein paar Tagen fahren wir in die Vogesen weiter. Wir haben beschlossen, dort noch eine Woche zu bleiben, bevor wir nach Würzburg zurückfahren.

Thannenkirch, Freitag, 14. April 1944.
Ich sitze auf dem Gipfel eines Berges, und die Sonne ist sehr heiß. Gerade habe ich meine Nase mit einem Blatt abgedeckt, damit ich keinen Sonnenbrand bekomme. Wenn ich etwas nicht mag, dann ist es eine rote Nase. Wohin ich auch schaue, sind Berge und Wälder. Im Tal drunten sieht man Bauernhäuser und Wiesen. Aus der Entfernung sehen sie grün aus, aber wenn man im Tal ist, sieht man, dass sie gelb von Butterblumen, weiß von Anemonen und blau von Veilchen sind. Ich habe den Krieg völlig vergessen. Hier gibt es nur zwitschernde Vögel und das Rauschen des Windes in den Bäumen.

Thannenkirch ist eine französische Gemeinde mit 443 Einwohnern (Stand 2012) im Département Haut-Rhin in der Region Elsass. Das Dorf ist von Wäldern umgeben. Das Gemeindegebiet gehört zum Regionalen Naturpark Ballons des Vosges.

Donnerstag, 20. April 1944.
Ich bin wieder in meinem lieben Würzburg. Ich schreibe nichts über meine Arbeit in der Fabrik, weil ich noch nichts Genaues weiß.

Gestern ging ich zum Bäcker, um Brötchen und Brot zu holen. Eine russische Frau hatte Brotmarken und wollte auch welches kaufen. Und was sagte der Bäcker zu ihr? „Ab jetzt kein Brot mehr für Russen, selbst wenn sie Lebensmittelmarken haben. Tut mir leid, aber da kann ich nichts machen." Du hättest das Gesicht der armen Frau sehen sollen, sie brach plötzlich in Tränen aus. Ich hatte meine Sachen inzwischen gekauft, und als wir gemeinsam den Laden verließen, gab ich ihr zwei Brötchen. Sie riss sie an sich, starrte mich einen Augenblick lang an und lief weg. Was sollen die Russen denn essen, wenn sie kein Brot mehr bekommen? Ich bin sicher, dass sie auch nicht genügend Kartoffeln bekommen, denn die Deutschen erhalten auch nicht mehr genug.

Samstag, 22. April 1944.
Wann starten die Alliierten ihre Invasion? Das fragen wir uns mehrmals am Tag. Jeder ist aufgeregt und gespannt, denn die Invasion kommt sicher in diesem Frühling, vielleicht heute Nacht, vielleicht in zwei oder drei Wochen. Eisenbahnknotenpunkte in Deutschland, Frankreich und Belgien werden Tag und Nacht bombardiert. Falls die Invasion kommt, und ich bin sicher, dass sie kommt, dann muss der Krieg doch sicher in diesem Jahr aufhören? Der Krieg geht zu Ende – das wäre so wunderbar! Vielleicht ist gerade eben schon etwas passiert. Ich muss zum Radio laufen und die neuesten Nachrichten hören.

Freitag, 28. April 1944.
Letzte Woche hatten wir einen Bombenalarm nach dem anderen, mehrmals am Tag und jede Nacht. Wie müde wir morgens sind, wenn wir aufstehen müssen. Bis jetzt sind noch keine Bomben auf Würzburg gefallen, wahrscheinlich weil es hier fast keine Fabriken gibt. Trotzdem hat man ein merkwürdiges Gefühl, wenn man im Radio hört, dass sich Flugzeuge unserer Stadt nähern, dass sie 60 Kilometer, dann 30, dann nur noch 15 Kilometer entfernt sind und dann, dass sie Würzburg erreicht haben. Plötzlich können wir sie über uns hören. Manchmal kreisen sie lange, bevor sie weiterfliegen, um einer anderen Stadt Unheil zu bringen. Man muss einfach daran denken, dass sie nächstes Mal ihre Bomben vielleicht auf uns abladen.

Unser Keller ist nicht wirklich sicher. Wir hoffen aber, dass er wenigstens einen gewissen Schutz bietet. Letzte Woche haben Vati, Mutti und ich unseren Keller stundenlang aufgeräumt. Wir haben Kleider, Schuhe und alles mögliche andere hinuntergebracht, so dass wir nicht alles verlieren, wenn die Wohnung zerstört wird. Der Gedanke ist mir unerträglich, dass ich meine Bücher verlieren könnte, den Flügel, unsere japanischen Erinnerungen. Doch Tausende haben schon alles verloren, und es passiert jede Nacht.

Der Frühling ist da, alles ist grün, und die Apfelbäume sind mit Blütenwolken bedeckt. Irgendwo in der Nähe des Fensters singt eine Amsel ihr Abendlied. Ich möchte so gern jung und glücklich sein dürfen und mit ganzem Herzen sehne ich mich nach dem Frieden.

Montag, 8. Mai 1944.

Heute Abend muss ich über meinen Kampf mit dem Arbeitsamt schreiben, der schon einige Wochen andauert. Ich fürchte, dass das Arbeitsamt am Schluss gewinnt! Lass mich alles erzählen. Als ich aus Straßburg zurückkam, ging ich zum Arbeitsamt und erfuhr, dass ich in einer Fabrik in Schweinfurt arbeiten soll. Mutti fragte, warum ich vom Arbeitsdienst befreit wurde, wenn ich nun jeden Tag in einer Fabrik arbeiten und jeden Morgen und jeden Abend eine Stunde mit dem Zug fahren muss. Schließlich willigten sie ein, dass ich in Würzburg arbeiten kann und dass ich mir eine passende Arbeit, etwa beim Roten Kreuz oder in einem Büro oder einer Fabrik, suchen soll.

Ich sprach mit einigen Leuten in einer Klinik und sie machten mich zu einer Rotkreuz-Hilfsschwester. Ich erhielt zwei Uniformen, die ganz hübsch sind – ein blauweiß gestreiftes Kleid, eine weiße Schürze und eine weiße Mütze mit einem roten Kreuz. Jeden Tag ging ich zur Klinik, wo ich mich um blinde Soldaten kümmerte. Ich las ihnen vor, unterhielt mich mit ihnen, begleitete sie ins Theater und in Konzerte und ging mit ihnen spazieren. Das gefiel mir eigentlich ziemlich gut.

Nach ungefähr einer Woche musste ich mich allerdings wieder beim Arbeitsamt melden. Ich erfuhr, dass die Arbeit beim Roten Kreuz nicht wichtig genug sei und dass ich mich nach einer anderen Tätigkeit umsehen solle. Wir kennen einen der Direktoren von Koenig & Bauer, einer Fabrik in Zell, einem Vorort von Würzburg. Mutti rief ihn an, und er sagte, dass er für mich eine Arbeit im Büro finden würde. Heute Morgen war ich dort. Der Betriebsleiter war sehr nett. Er meinte, dass er eigentlich niemanden brauche, dass er aber versuchen werde, etwas für mich zu finden. Ich dankte ihm, fuhr mit dem Zug nach Hause, rief das Arbeitsamt an und teilte mit, dass ich eine Beschäftigung hätte. Und was denkst du, haben diese grässlichen Leute gesagt? „Sie können nicht in einem Büro arbeiten. Sie müssen in der Fabrik selbst arbeiten“. Ich bin so wütend, so wütend! Jetzt muss ich Granaten für ihren Krieg herstellen. Ich muss Granaten für die Nazis produzieren!

Sonntag, 14. Mai 1944.
Am Freitag war ich in der Fabrik, um mit dem Betriebsleiter zu reden. Mein Arbeitsdienst beginnt morgen. Ich muss nur einen halben Tag arbeiten. Ich entschied mich für den Nachmittag. Die Morgenschicht beginnt dort um 5.40 Uhr und ich hätte um 4.40 Uhr aufstehen müssen, was sehr früh ist. Am Nachmittag arbeite ich von 12.45 bis 18 Uhr.

Die Menschen, die den ganzen Tag da sein müssen, tun mir leid. Sie kommen kaum jemals heraus in die Sonne und an die frische Luft, und ich kann mir überhaupt nicht vorstellen, wann die Frauen einkaufen oder ihre Hausarbeit erledigen, denn sie haben nicht einmal am Samstagnachmittag frei. Der Betriebsleiter sagte mir, dass sie viele Kriegsgefangene haben, aber wir dürfen nicht mit ihnen sprechen.

Mittwoch, 17. Mai 1944.
Ich sitze am Fenster und schaue in den Regen hinaus. Wir haben seit einiger Zeit das schrecklichste Wetter, das man sich vorstellen kann. Um 12 Uhr muss ich mich zur Fabrik aufmachen. Ich war erst zweimal dort, und schon reicht es mir. Man muss die ganze Zeit stehen, darf sich nicht einmal eine Minute hinsetzen. Ich habe noch keinen einzigen Stuhl entdeckt. Wir arbeiten in einer großen Halle, die Fenster sind immer zu, die Scheiben mit dunkelblauer Farbe bemalt. Es ist so dunkel, dass den ganzen Tag über das elektrische Licht brennt. Manchmal müssen wir sogar am Sonntag arbeiten! Es gibt viele italienische Gefangene. Sie sehen alle bleich und müde

aus, und ich frage mich, ob sie genug zu essen bekommen. Wahrscheinlich nicht.

Ich mache dasselbe wie die anderen Frauen: Ich reinige Granaten mit Terpentin, schmiere Schrauben mit dickem braunem Öl ein und wickle die Granaten in braunes Papier. Immer und immer wieder dasselbe. Du solltest meine Hände sehen! Wenn ich heimkomme, schrubbe ich sie eine halbe Stunde mit Seife und heißem Wasser, aber sie werden nicht richtig sauber und meine Fingernägel bleiben ganz schwarz.

Kapitel 10
Ein grosser Mann mit schmalem, bleichem Gesicht

Dienstag, 30. Mai 1944.
Ich habe lange nicht geschrieben. Es ist fast Mitternacht, und ich sollte jetzt nicht schreiben, weil ich morgen früh aufstehen muss, um Ingrid zur Schule zu bringen. Vati, Mutti und Ingeborg sind für zwei Wochen nach Kolmar gefahren, und so muss ich mich um Ingrid kümmern, außerdem kochen, die Hausarbeit erledigen und in die Fabrik gehen.

Ich muss über Carlo schreiben! Ich sah ihn zum ersten Mal, als ich in die dunkle Fabrikhalle kam, ein großer Mann mit schmalem, bleichem Gesicht und schwarzem Haar. Er arbeitete etwa 20 Meter von mir entfernt; gelegentlich sah er mich an und lächelte. Ich hatte das Gefühl, dass er krank war, und es stimmte. Einige Tage später erzählte er mir, dass er Malaria gehabt hatte und immer noch gelegentlich Anfälle hat. Natürlich bekommt er kein Chinin. Mutti will versuchen, welches für ihn zu beschaffen.

Eine deutsche Frau arbeitete in seiner Nähe, und eines Tages, nachdem ich mit meiner Arbeit fertig war, bat ich sie, mir zu zeigen, was sie tut. Bald wusste ich Bescheid, und der Vormann erlaubte mir, ihren Platz einzunehmen.

Ich bin jetzt in der Endkontrolle. Ich überprüfe, was von den Maschinen kommt. Ich messe die Länge und Breite und überprüfe den Inhalt der Granaten, dann wiege ich sie. Wenn ich sie auf die Waage lege, hilft mir Carlo, denn sie sind ziemlich schwer. Wir unterhalten uns auf Französisch; er spricht es nicht besonders gut, aber wir verstehen uns einigermaßen. Er hat mir alles von sich erzählt. Er ist Medizinstudent, seine Mutter, die er sehr liebt, und seine sechs Schwestern leben in Süditalien. Als er mir von seiner Familie erzählte, merkte ich an seinem Blick, welches Heimweh der arme Carlo haben muss.

Ich fragte Carlo nach dem Leben als Kriegsgefangener. Sie erhalten so wenig zu essen, dass ich überrascht bin, dass sie noch nicht verhungert sind: nur eine Tasse Kaffee und sonst nichts zum Frühstück. Dann arbeiten sie ohne Essen bis Viertel nach zwölf. Gemüse und eine oder zwei kleine Kartoffeln und eine halbe Scheibe Brot ist alles, was sie zu Mittag bekommen. Dann nichts mehr bis zum Abendessen, das aus einer Scheibe Brot und einer kleinen Schale Suppe besteht.

Als Carlo mir dies erzählte, wusste ich, dass ich nie wieder ein Essen zu Hause würde genießen können. Jetzt nehme ich immer so viel Essen mit, wie wir entbehren können. Es ist strengstens verboten, den Kriegsgefangenen etwas zu geben oder auch nur mit ihnen zu reden. Deshalb bin ich immer ängstlich, bis ich die Brote und die Gläser mit Kartoffeln und Gemüse aus meiner Tasche geholt habe. Ich verstecke sie unter einer der Maschinen und Carlo holt sie dort später. Ich sage ihm, dass er alles mit seinen Freunden teilen soll, aber ich hoffe, dass er das meiste selbst isst. Mutti versucht, auch Obst zu besorgen, das ich mitnehmen kann.

Ich möchte wissen, was Carlo jetzt macht. Er lebt in einem kleinen Raum mit 39 anderen Gefangenen. Alle Fenster sind nachts hermetisch verschlossen. Bei diesem heißen Wetter muss es ganz unerträglich sein. Ich hatte keine Ahnung, dass Kriegsgefangene so behandelt werden. Ich wünschte, ich könnte ihnen noch mehr helfen.

Abb. 15: Japanische Mahlzeit bei den Koerbers im Jahr 1944. Links Louise Koerber, vorne Ortrun, rechts neben ihr der Bildhauer Luis Rauschhuber und seine Frau. Die Gäste sitzen, wie in Japan üblich, auf dem Boden. (Ortrun Scheumann, Bad Dürkheim)

Dienstag, 6. Juni 1944.

Wir haben den 6. Juni, und dieses Datum werden wir wohl nie vergessen. Die Invasion hat begonnen! Ich war in der Fabrik, als ich die Nachricht von einem Mann hörte. Obwohl ich sie täglich erwartet hatte, war ich so überrascht, dass meine Beine fast versagten.

Dies ist der Beginn der letzten Schlacht. Ich kann nur hoffen, dass alles sehr schnell zu Ende geht. Die Alliierten sind mit Tausenden von Schiffen gelandet, das Unternehmen ist sicher erfolgreich. Ich wünschte nur, dass das Radio pausenlos darüber berichten würde. Als ich mit Carlo heute über die Invasion sprach, sagte er: „Aber du bist doch eine Deutsche!“ Natürlich bin ich das, aber kann er nicht verstehen, dass ich auf den Sieg der Alliierten hoffen muss, wenn ich ein besseres und freieres Deutschland herbeisehne?

Sonntag, 9. Juli 1944.
Es ist Montag, und trotzdem habe ich nicht mehr als eine Stunde in der Fabrik gearbeitet. Zwei Maschinen waren ausgefallen – Sabotage?! –, und es war so wenig zu tun, dass wir nach Hause geschickt wurden. Carlo und die anderen Gefangenen mussten in der Fabrik bleiben, obwohl sie ebenfalls nichts zu tun hatten.

Samstag, 22. Juli 1944.
Am 23. des letzten Monats begann die russische Offensive. Am Anfang war die Front nur 50 Kilometer breit, nun reicht sie vom hohen Norden, wo Ostrow eingenommen wurde, bis zum Süden, wo die Russen Lemberg einkesseln. Die russische Armee ist nur noch 15 Kilometer von der ostpreußischen Grenze entfernt. Ich dachte, die Leute wären hier sehr beeindruckt von diesem überraschenden und schnellen Vormarsch der Russen, aber sie scheinen sich kaum darum zu kümmern.

Im Westen geht alles viel langsamer. Ich bin ziemlich enttäuscht, aber ich nehme an, dass alles in Ordnung ist. Die Vorbereitungen für die Offensive müssen wohl viel schwieriger sein, als wir uns vorstellen können.

Und zum Schluss habe ich noch eine Nachricht. Vor zwei Tagen wurde ein Attentat auf Hitler verübt! Und er lebt noch! Endlich wurde so etwas unternommen und es führte zu nichts. Warum musste es fehlschlagen? Jetzt ist Himmler zum Chef der Wehrmacht in Deutschland ernannt worden. Eine deutsche Armee, die gegen Deutsche kämpft! Die Offiziere, die den Attentatsversuch unternahmen, sind fast alle gefangen worden. Die meisten wurden gehängt.

Mittwoch, 23. August 1944.
Gestern wurde Paris befreit. Ich saß stundenlang am Radio und hörte all die Reden an. Nach einer viertägigen Schlacht war die französische Hauptstadt frei. Mindestens ein Dutzend Mal hörte ich die Marseillaise.

Abb. 16: Büste von Ortrun, geschaffen vom Bildhauer Luis Rauschhuber. (Ortrun Scheumann, Bad Dürkheim)

Freitag, 25. August 1944.
Heute haben wir einen Musikabend bei uns zu Hause. Zwei Professoren vom Konservatorium kommen, außerdem Erna Drost, eine Sängerin. Ich werde auch zwei Arien singen – eine alte italienische und eine von Haydn. Ich bin so aufgeregt, denn dies ist das erste Mal, dass ich vor Berufsmusikern singe. Ich habe schon so viel geübt, dass ich fast heiser bin, und ich darf vor dem Abend nicht noch mehr singen. Es werden etwa 18 Gäste anwesend sein. Da es unmöglich für uns wäre, Essen und Getränke für so viele Menschen zu besorgen, baten wir jeden, selbst etwas mitzubringen. Ich muss aufhören zu schreiben. Ingeborg ruft mich, ich soll ihr bei den Gläsern helfen.

Sonntag, 3. September 1944.
Carlo ist frei! Alle italienischen Kriegsgefangenen sind jetzt freie Arbeiter, sie können gehen, wohin sie wollen; um 9 Uhr abends müssen sie zurück in ihrem Lager sein. Sie dürfen nicht mit Deutschen sprechen, aber wenn sie dabei erwischt werden, werden sie nicht mehr ganz so streng bestraft.

Heute war Carlo von 10 Uhr morgens bis 10 Uhr abends bei uns zu Hause, bis vor einer halben Stunde also. Wir verbrachten einen herrlichen Sonntag zusammen. Was wir nie für möglich hielten, ist wahr geworden. Wir konnten uns unterhalten ohne die dauernde Furcht, beobachtet oder belauscht zu werden.

Vati wird Carlo einen seiner Anzüge und ein Paar Schuhe geben, denn es ist schrecklich, ihn in seinen alten Lumpen zu sehen. Carlo hat uns erzählt, dass jeder italienische Soldat bei seiner Ankunft hier zwei Paar Schuhe und genug Socken, Unterwäsche, Hemden usw. hatte. Dann nahm ihnen der Lagerverwalter alles ab! Sie mussten sogar die Schuhe ausziehen, die sie gerade anhatten, und erhielten dafür hölzerne! Carlo sagt, die italienischen Gefangenen werden nach Kriegsende den Verwalter töten. Sie haben alles genau geplant.

Donnerstag, 7. September 1944.
Ich bin so zornig, dass ich kaum schreiben kann. Ich dachte nie, dass die Leute in der Fabrik besonders nett sind, aber so wie sie sich jetzt

verhalten, wünsche ich mir, dass ich sie nie wieder sehen muss. Als ich am Montag in die Fabrik kam, bemerkte ich, dass jeder wegsah, als ich die Halle betrat, und keiner ein Wort mit mir sprach. Dann sagte mir Frau M., die einzige nette dort, dass jemand gesehen hatte, wie Carlo zu unserem Haus ging und dass die ganze Fabrik darüber sprach. Sie sagte, dass unser Werksleiter schon den Direktor in Zell angerufen hatte. Die Gestapo war auch schon benachrichtigt worden. Ich konnte kaum glauben, was ich da hörte. Können sich diese grässlichen Leute nicht um ihre eigenen Angelegenheiten kümmern? Und hätten sie nicht erst mit mir sprechen können, bevor sie zur Gestapo gehen?

Die nächsten Tage waren fast unerträglich. Niemand sprach mit mir, die Frauen spuckten aus, wenn sie mich sahen. Schließlich hielt ich es nicht mehr aus und bat Mutti, mit dem Werksleiter zu sprechen. Mutti rief die Polizei an und erfuhr, dass es zwar nicht gerne gesehen werde, dass es aber auch nicht verboten sei, dass freie italienische Arbeiter die Häuser von Deutschen betreten. Dies berichtete Mutti dem Werksleiter und auch, dass ich nicht die Fabrik brauche, um mir Manieren beizubringen. Sie sagte auch, dass, wenn er Gründe sehe, wegen mir zur Polizei zu gehen, sie dies ebenfalls tun könne, um über das Verhalten der Fabrikarbeiter zu berichten. Mutti sagte, dass der Werksleiter ziemlich nervös geworden sei. Er bat sie, nichts Voreiliges zu unternehmen, und versprach, mit den Arbeiterinnen zu reden.

Frau M. erzählte mir, dass am nächsten Morgen alle Frauen zusammengerufen wurden und der Werksleiter zu ihnen sprach. Seitdem ist es etwas erträglicher geworden. Die ganze Sache war so widerlich, und wenn nicht Carlo dort wäre, würde ich versuchen, Arbeit in einer anderen Fabrik zu finden.

Montag, 11. September 1944.

Unser Haus wird von der Gestapo überwacht! Wir leben in größter Furcht. Heute Morgen kam ein Bekannter, der auf irgendeine Weise mit der Polizei zu tun hat. Mutti war allein zu Hause. Er berichtete von der Überwachung und bat uns, vorsichtig zu sein. Sonst war nichts aus ihm herauszubekommen. Er sagte, dass allein schon der Besuch in unserem Haus ein gewaltiges Risiko für ihn sei.

Was hat die Gestapo über uns herausgefunden? Ist es etwas, was wir gesagt haben? Ist es doch wegen Carlo? Gestern war er mit zwei Freunden wieder in unserem Haus. Sie hörten die italienischen Nachrichten der BBC. Ist es möglich, dass jemand das herausgefunden hat? Wir haben Angst vor einer Durchsuchung der Wohnung. Wenn sie meine Tagebücher finden, sind wir alle verloren – die ganze Familie und einige unserer Freunde. Vati und Mutti baten mich, die Tagebücher zu verbrennen, aber das kann ich nicht. Schließlich fanden wir eine andere Lösung. Ein Freund besitzt einen großen Garten mit einem kleinen Schuppen. Wir fragten ihn, ob wir meine Tagebücher – es sind sechs – darin verstecken dürfen. Zuerst weigerte er sich, doch dann stimmte er zu. Heute Nachmittag hat Mutti die Bücher dorthin gebracht, sie legte sie in ihre Einkaufstasche und deckte sie mit Gemüse zu. Sie sagt, dass sie vor Furcht zitterte, bis sie sie sicher im Schuppen verborgen hatte.

Jetzt schreibe ich in ein kleines Notizbuch, das ich in der Küche aufbewahre. Wenn die Gestapo kommt, verbrenne ich es im Küchenherd. Wir fühlen uns nun etwas sicherer. Aber vielleicht haben wir etwas übersehen? Einen Papierfetzen, auf dem Vati eine Nachricht der BBC notiert hat? Wir leben in ständiger Furcht.

Abb. 17: Ortrun im Jahr 1944. (Ortrun Scheumann, Bad Dürkheim)

Mittwoch, 13. September 1944.
Vati muss an die Siegfried-Linie und Schützengräben ausheben! Gestern Abend kam ein Mann mit dem Befehl, dass er heute Nachmittag um 6 Uhr fort muss, also vor zwei Stunden. Folgende Ausrüstung musste er mitnehmen: einen Wintermantel, Stiefel, einen Spaten, genug zu essen für eine zweitägige Fahrt, einen Teller, einen Becher, Gabel und Löffel. Viele seiner Kollegen, allesamt, wie wir wissen, keine Nazis, mussten ebenfalls gehen.

Zwischen 1936 und 1940 war an der deutschen Westgrenze auf einer Länge von 630 Kilometern der Westwall entstanden. Die von den Alliierten Siegfried-Linie genannten Bunker, Stollen, Gräben und Panzersperren verloren nach der erfolgreichen Westoffensive im Jahr 1940 allerdings ihre Bedeutung; Soldaten und Material wurden nach und nach zum Atlantikwall geschafft.

Nach der Landung der Alliierten in der Normandie am 6. Juni 1944 und dem schnellen Vorstoß auf das Deutsche Reich wurde der Wall als Verteidigungslinie wieder aktuell.
Am 24. August 1944 befahl Hitler den erneuten Ausbau des Westwalls. 20.000 Zwangsarbeiter und Mitglieder des Reichsarbeitsdienstes (RAD) versuchten mit improvisierten Mitteln, die Anlagen wiederherzustellen, was aber wegen der alliierten Luftüberlegenheit und des Mangels an Material nicht gelang. Dennoch wurde bis ins Frühjahr 1945 an einzelnen Bunkersystemen ein erbitterter Stellungskrieg geführt.

Samstag, 30. September 1944.
Bisher haben wir zwei Briefe von Vati bekommen. Er ist jetzt in Zweibrücken und schaufelt acht Stunden am Tag. Sie wollten ihn und die anderen zwingen, zwölf Stunden zu arbeiten und außer den Spaten auch noch Gewehre zu tragen, aber die Männer weigerten sich, und bis jetzt wurde nichts mehr dazu gesagt. Die Männer schlafen in einer Schule auf Stroh, das auf dem Boden ausgebreitet ist. Es gibt sehr wenig zu essen, und so schicken wir Vati einen Teil unserer eigenen kleinen Rationen.

Einer von Vatis Kollegen, der in der Nähe wohnt, kam vor etwa einer Woche aus Zweibrücken zurück, weil er krank war oder jedenfalls sagte, er sei krank. Vor zwei Tagen kam nachts die Gestapo und verhaftete ihn; seitdem ist er nicht zurückgekommen. Seine Familie hat keine Ahnung, wo er sich befindet und ist voller Panik. Keiner der anderen Männer sagt nun irgendetwas, wenn sie sich schlecht fühlen, außer wenn sie so krank sind, dass sogar die Gestapo ihnen glauben muss.

Wir selbst haben nichts mehr von der Gestapo gehört und beginnen uns allmählich etwas sicherer zu fühlen. Trotzdem schrecken Mutti und ich jedes Mal zusammen, wenn es spät am Abend klingelt.

Donnerstag, 26. Oktober 1944.
Nach dem Fall von Aachen im Westen und Belgrad im Osten gibt es Stillstand an allen Fronten. Das ständige Warten, dass etwas geschieht, zerrt an den Nerven. Langsam verlieren wir die liebgewordene Hoffnung, dass der Krieg in diesem Jahr endet. Noch ein Kriegswinter.

Und was das für ein Winter sein wird, mit noch häufigeren und grausamen Luftangriffen auf deutsche Städte, mit den Alliierten auf deutschem Gebiet, mit einem deutschen Volk, das, wie Himmler in seiner letzten Rede sagte, bereit ist, jedes Haus, jeden Zaun, jeden Strauch zu verteidigen, mit der Schaffung des „Volkssturms", einer Armee aus älteren Männern und Jungen, und wenn nötig auch Frauen. Und dann haben wir so wenig zu essen, jede Woche, eigentlich jeden Tag, noch weniger. Wir bekommen nicht mehr genug Brot, und unsere Kartoffelration wird nie über den Winter reichen.

Montag, 6. November 1944.

Gestern kam Vati von der Siegfried-Linie zurück. Er war von der Sonne braun gebrannt und sah recht gut aus. Er freut sich so sehr, wieder zu Hause zu sein. Ingeborg ist auch da. Vor etwa zwei Wochen kam sie aus Berlin. Sie hatte zehn Tage Urlaub, wurde aber krank und liegt jetzt im Krankenhaus. Es wird einige Zeit dauern, bevor sie nach Berlin zurück kann.

Wir anderen gehen unseren üblichen Beschäftigungen nach. Eine meiner üblichen Beschäftigungen ist das Stopfen meiner Strümpfe. Ich habe seit Ewigkeiten keine neuen bekommen. Ich brauche oft eine ganze Stunde, um ein Paar zu stopfen, und wenn ich sie abends ausziehe, müssen sie schon wieder gestopft werden.

Übrigens gebe ich seit Kurzem einen Englischkurs für Anfänger. Ich schreibe die Übungen selbst, weil ich keines der Bücher mochte, die man bekommen kann. Es gibt erstaunlich viele Menschen, die plötzlich Englisch lernen wollen.

Abb. 18: Blick von der Alten Mainbrücke auf die Altstadt. (Sammlung Alexander Kraus, Würzburg)

Sonntag, 19. November 1944.
Carlo arbeitet jetzt in einem anderen Gebäude. Wir sehen uns nur noch, wenn ich mittags komme und wenn wir abends fertig sind. Manchmal geht er mit mir nach Hause. Wir unterhalten uns jetzt auf Italienisch. Obwohl ich immer noch Fehler mache, spreche ich es ziemlich fließend und kann alles sagen, was ich möchte.

Jetzt wo Carlo weg ist, merke ich, wie schrecklich langweilig Fabrikarbeit ist und wie langsam die Stunden vergehen. Ich arbeite jetzt mit Russen, drei Frauen und zwei Männern. Es ist eine ganze Familie, Vater, Mutter, 17-jährige Tochter und Onkel und Tante des Mädchens. Es sind Bauern. Ihr Bauernhof und ihr ganzer Besitz wurden zerstört, und man zwang sie, in Deutschland zu arbeiten. Ich weiß dies von dem

Mädchen, das ein wenig Deutsch spricht, das sie in der Schule gelernt hat. Anna – so heißt das Mädchen – erzählt mir viel von ihrem Land. Als ich erwähnte, dass ich vor dem Krieg durch Russland fuhr und zwei Tage in Moskau verbrachte, umarmte sie mich voller Freude, rief sofort ihre Eltern und übersetzte jedes Wort, das ich sagte.

Dienstag, 21. November 1944.
Die Offensive im Westen hat endlich begonnen. Die Spannung in diesen Wochen der Ruhe war quälend, aber jetzt rücken die Alliierten vor. Vorgestern wurde Metz eingenommen, heute Saarburg. Und wenn jetzt auch noch die russische Offensive begänne – ich kann die Hoffnung immer noch nicht aufgeben, dass der Krieg dieses Jahr zu Ende geht.

Ich stricke ein paar Fausthandschuhe für Carlo. Es sind die Ersten, die ich stricke und es ist viel schwerer, als ich dachte. Aber es gibt sonst nichts, das ich ihm zu Weihnachten schenken könnte. Jeden Abend stricke ich ein wenig, aber bis jetzt ist erst die Hälfte des ersten Handschuhs fertig.

Freitag, 1. Dezember 1944.
Ich bin im Moment sehr beschäftigt, denn ich verbringe meine ganze Freizeit damit, ein Kartenspiel für Ingrid zu malen, zu stricken und Fotos in der Dunkelkammer zu entwickeln, die wir für unsere Weihnachtskarten verwenden wollen. Manchmal glaube ich, dass die Weihnachtsvorbereitungen noch schöner sind als Weihnachten selbst.

Montag, 25. Dezember 1944.
Frohe Weihnacht! Dies ist einer der schönsten Tage, die ich je erlebt habe: klar und sonnig, mit Frost auf Hausdächern und Rasen, die wie Diamanten glitzern. Wir hatten ein Weihnachtsfest ohne Geschenke, aber wir waren sehr glücklich, dass keiner von der Familie fehlte. Carlo war heute bei uns, und es gefiel ihm sehr. Er war der einzige außer Ingrid, der Geschenke erhielt: meine Fausthandschuhe, die sehr schön sind, allerdings etwas eng, ein paar Socken und einige Taschentücher.

Kapitel 11
Wir zerstören einander und bitten denselben Gott um Hilfe

Montag, 1. Januar 1945.
Wie seltsam das aussieht: 1945. Das letzte Jahr ist so schnell vorübergegangen, dass ich mich kaum daran gewöhnt hatte, 1944 zu schreiben. Ich erinnere mich an Silvester vor einem Jahr, als wir um den Wohnzimmertisch saßen und uns bemühten, nicht zu traurig zu sein oder so zu erscheinen, was uns aber nicht allzu gut gelang.

Letzte Nacht war es wieder so. Wir mussten einfach an all die Hoffnungen denken, die wir für 1944 gehabt hatten und wie wenige davon sich erfüllt hatten. Aber man hofft immer weiter, und als wir um Mitternacht unsere Gläser erhoben, hofften wir wieder, dass der Krieg 1945 aufhört und dass wir Glück haben und zusammen bleiben.

Donnerstag, 11. Januar 1945.
Alle Schulen bleiben bis Mitte Februar geschlossen. Ich glaube nicht, dass sie dann wieder öffnen. Es gibt keine Kohlen mehr, um Schulen zu heizen. Ich habe eine kleine „Privatschule“ für Ingrid und einige ihrer Freundinnen gegründet; jeden Morgen kommen sie zum Unterricht. Wir beschäftigen uns mit Mathematik, Rechtschreibung, Geografie und ein wenig Geschichte. Den Kindern scheint es zu gefallen, vor allem wenn ich eine große Weltkarte auf dem Tisch ausbreite und über die Kontinente und Ozeane rede und über die verschiedenen Menschen, die auf der Erde leben.

Dienstag, 16. Januar 1945.
Ich hätte schon vor einer Stunde in die Fabrik gehen sollen, aber wir haben einen Bombenalarm, und ich kann nicht weg. Wir stehen entweder neben dem Radio, um zu hören, was der örtliche Sender sagt, oder wir eilen in den Luftschutzkeller, wenn es heißt, dass sich die Flug-

zeuge Würzburg nähern. Wir aßen sogar unser Mittagessen halb im Sitzen und halb im Stehen, und am Ende mussten wir es zurücklassen. Es war ganz kalt, als wir aus dem Keller wieder hoch kamen.

Mittwoch, 17. Januar 1945.

Es taut, und weil meine Schuhe nicht wasserdicht sind, bekam ich beim Heimweg von der Gesangsstunde nasse Füße. Jetzt tut mein Hals weh.

Heute ist Mittwoch und ich brauche nicht in die Fabrik. Mittwochs gibt es in Würzburg von 7 Uhr morgens bis 6.30 Uhr abends keinen Strom. Das Angenehme daran ist der freie Tag. Doch die Sache hat noch andere Seiten: Wir haben kein Radio, kein Licht und keine Türklingel.

Als Mutti heute Morgen einkaufen ging, dachte sie nicht daran. Als sie zurückkam, klingelte sie erst und schlug dann gegen die Haustür, aber keiner hörte sie. Arme Mutti! Nach einer halben Stunde kam ein Nachbar vorbei und öffnete ihr die Tür. Wir lachten schallend, als wir uns klarmachten, dass wir nie darüber nachgedacht hatten, dass man für eine Türklingel Strom braucht.

Später.

Warschau ist frei! Das heißt, die Ruinen von Warschau sind frei. Ich hörte es gestern Abend in den 9-Uhr-Nachrichten der BBC. Sie spielten die polnische und die russische Nationalhymne. Jetzt wo Warschau befreit ist, kann ich kaum Freude empfinden, weil es eine Ruinenstadt ist und die, die für seine Befreiung kämpften, nicht mehr leben und sich freuen können. Warschau ist frei. Aber ist Polen frei? Warum die russische Nationalhymne? Werden die Engländer und Amerikaner genug Einfluss auf Stalin ausüben können, um ihn zu einer fairen Behandlung Polens zu bewegen?

Dienstag, 30. Januar 1945.

Vati muss mit dem Volkssturm an die Ostfront! Am letzten Montag kam ein Hitlerjunge mit der Nachricht, dass Vati sich am nächsten Morgen um zehn Uhr in der Kaserne zu melden habe. Ich kann unser Entsetzen angesichts dieser Nachricht nicht beschreiben, obwohl wir damals noch dachten, dass er nur ein oder zwei Wochen zu einer Militärübung weg müsse. Nach einem traurigen Abschied ging er mit Mutti los, die ihn zur Kaserne begleitete. Doch am Abend kam Vati zurück und erzählte, dass es nicht genug Platz zum Übernachten für so viele Männer gab. Er trug eine grässliche SA-Uniform und sah so mitleiderregend aus. Vati ist alles, nur kein Soldat.

Am Morgen musste er um sechs Uhr wieder zur Kaserne. So ging es Tag für Tag und wir wussten nie, ob er am Abend wieder heimkommen würde. Und dann am Samstag, als Mutti und ich gerade das Abendbrotgeschirr abspülten, klingelte es dreimal an der Tür, und es war Vati. Er sagte, dass er am Sonntagmorgen an die russische Front müsse.

Alle Leute im Haus gaben ihm kleine Geschenke mit: Wurst, Eier, Kuchen. Wir gaben ihm den Käse, den wir mit den Lebensmittelmarken eines ganzen Monats gekauft hatten, und die eine Dose Corned Beef, die wir seit Jahren aufgehoben hatten. Am Sonntag gingen Mutti und ich (Ingeborg ist seit 14 Tagen wieder in Berlin) zum Bahnhof, um Vati zu verabschieden. Der Zug für 700 Männer war bereit, ein Güterzug mit rohen Holzbänken und einem Ofen in jedem Waggon. Man sagte uns, dass der Zug nicht vor drei Uhr nachmittags abfahren würde. Deshalb gingen Mutti und ich noch einmal nach Hause, um weitere Decken für Vati zu holen; es war fürchterlich kalt.

Außer dem Kommandeur waren keine jungen Männer da. Keiner, mit dem wir sprachen, vertraute darauf, jemals zurückzukommen. Als der Zug schließlich abfuhr, weinten alle Frauen. Es ist so schrecklich, dass Vati, der die Nazis so hasst, nun sein Leben für sie aufs Spiel setzen muss. Auf unserem langen Heimweg waren Mutti und ich zu traurig zum Reden.

Im September 1944 wurde der Volkssturm gebildet, um alle bisher noch nicht kämpfenden waffenfähigen Männer zwischen 16 und 60 Jahren für die Verteidigung des „Heimatbodens" und für den deutschen „Endsieg" aufzubieten. Auf Adolf Hitler vereidigt und propagandistisch als entscheidende Reserve gegen die vorrückenden Alliierten aufgewertet, zogen die Hitlerjungen und älteren Männer notdürftig bewaffnet und schlecht ausgebildet in den ungleichen Kampf gegen einen überlegenen

Gegner. Bei Feindberührung lösten sich einige Einheiten auf oder ergaben sich, andere kämpften fanatisch. Zehntausende von Volkssturmmännern fielen.

Dienstag, 6. Februar 1945.
Wie seltsam ruhig dieser Tag scheint, kein Luftalarm, keine Aufregung. Vorgestern warfen die Alliierten mehrere Bomben auf Würzburg ab. Um 7.45 Uhr heulten die Sirenen, und als wir auf dem Weg in unseren Keller waren, fielen schon die ersten Bomben. Man hört sie mehrere Sekunden lang in der Luft, bevor sie explodieren. Und nach jeder Bombe denken wir: Die nächste könnte für uns sein. Heute haben Mutti und ich noch mehr Decken in den Keller gebracht, außerdem Kochgeschirr usw.

Donnerstag, 8. Februar 1945.
Seit einigen Wochen arbeite ich nur noch donnerstags und freitags in der Fabrik. Es gibt weder genug Strom noch Material für die Herstellung von Granaten. Das Lager ist gleich neben meinem Arbeitsplatz, und ich sah, wie das Material immer weniger wurde, bis schließlich keines mehr da war und der Werksleiter kam und uns sagte, dass wir am nächsten Tag frei hätten. Schließlich beschloss er, dass wir nur noch zweimal in der Woche arbeiten müssen, was ich natürlich sehr begrüßte.

Samstag, 10. Februar 1945.
Heute kam der erste Brief von Vati. Er erlebt eine schreckliche Zeit: stundenlanges Stehen in feuchten Schützengräben ohne Helm und anderen Schutz, ständig russisches Artilleriefeuer, Kampf Mann gegen Mann, manchmal mehr als 36 Stunden ohne Essen und Trinken. Und keiner der Männer ist jung, viele sind krank, ohne irgendeine militärische Ausbildung.

Vati schreibt, dass er sich danach sehnt, zu Hause bei uns zu sein, dass er von unserer Wohnung träumt und dass er sich fragt, was die Zukunft bringt. Er bittet uns, tapfer zu sein. Wir leben in einem Zustand ständiger Angst um ihn und um Ingeborg in Berlin und auch um uns. Bomben, zu wenig Essen und so wenig Hoffnung für die nahe

Zukunft. Vati sagt, dass wir tapfer sein müssen. Wir brauchen Mut, womöglich mehr, als wir haben.

Mittwoch, 14. Februar 1945.

Was für eine Nacht! Um 8 Uhr war Voralarm. Wir zogen die Mäntel an, machten die Taschen fertig, und dann kam der richtige Alarm. Wir beschlossen, zu einem neuen Luftschutzkeller etwa fünf Minuten von hier zu gehen. Er ist sehr tief, früher wurde Wein dort gelagert, man muss 50 Stufen hinabsteigen. Da unten war es schrecklich feucht, Wasser tropfte von der Decke. Stundenlang saßen wir in der Kälte auf einer nassen Bank. Um Mitternacht konnten wir nach Hause gehen, kalt, müde und sehr hungrig. Hunde dürfen in öffentliche Luftschutzkeller nicht mitgenommen werden und so mussten wir den armen Wuffi zu Hause lassen.

Wir aßen Bratkartoffeln und tranken Kaffee, als wir heimkamen. Es ist schlimm, aber wenn man die halbe Nacht aufbleibt, hat man viel mehr Hunger. Wir haben kaum noch Lebensmittelmarken für diesen Monat. Ab nächsten Monat müssen die Marken fünf Wochen und nicht nur vier Wochen reichen.

Wir tranken gerade unseren Kaffee aus, als die Sirenen wieder ertönten. Dieses Mal verließen wir unser Haus nicht, sondern gingen in unseren eigenen Keller. Um drei Uhr konnten wir wieder hochkommen. Wir wollten uns gerade zum Schlafengehen fertigmachen, als die Sirenen zum dritten Mal heulten.

Inzwischen waren wir so müde, dass wir kaum noch aufrecht sitzen konnten. Sobald wir im Luftschutzkeller waren, schlief Ingrid ein. Dieser Alarm dauerte bis vier Uhr. Mutti und ich mussten Ingrid hochtragen; sie wurde fast ohnmächtig, bevor wir sie ins Bett bringen konnten.

Heute Morgen weckten uns die Sirenen um neun Uhr. Es ist jetzt zwei Uhr mittags und es kam noch keine Entwarnung. Wir gehen abwechselnd in den Keller hinunter, wenn wir Flugzeuge über Würzburg hören, und wieder hoch in die Wohnung, um die Betten zu machen und das Mittagessen zu kochen.

Abb. 19: Eingang zum Bürgerspital in der Theaterstraße (damals Adolf-Hitler-Straße) 1943. (Sammlung Alexander Kraus, Würzburg)

Dienstag, 20. Februar 1945.

Gestern waren wir gegen 20 Uhr wie gewöhnlich in unserem Keller versammelt, als Bomben fielen. Acht gewaltige Einschläge ließen unser Haus erzittern. Als die Flugzeuge verschwunden waren, gingen wir hinaus und sahen, dass die ganze Innenstadt rot war. Die Flammen schlugen so hoch, dass wir sie von unserem Haus aus sehen konnten. Einige Soldaten, die aus der Stadt kamen, berichteten, dass die Adolf-Hitler-Straße [vor 1933 und nach 1945 Theaterstraße, Anm. d. Übers.] brannte. Der Vater von Frau K., unserer Nachbarin, wohnt in der Nähe, und da sie ihre zwei kleinen Kinder nicht allein lassen konnte, bot ich an zu gehen. Die einzigen zwei Männer in unserem Haus, Herr Z., der fast 70 Jahre alt ist, und ein junger Mann, der in den ersten Kriegsmonaten verwundet wurde und dem ein Bein amputiert wurde, begleiteten mich.

Je näher wir zur Adolf-Hitler-Straße kamen, desto roter wurde der Himmel. Als wir die Residenz passierten, sahen wir, dass alle Fenster zersprungen waren. Danach wurde es immer schlimmer. Zentimeterhoch bedeckten Glasscherben, Dachziegel und anderer Schutt die Straßen und durchschnitten unsere Schuhe. Die Luft schien lebendig zu sein, so viele Funken flogen umher.

Dann erreichten wir die brennenden Häuser. Jemand rief: „Ihr könnt nicht weitergehen, die Häuser stürzen ein, geht zurück!" Aber wir rannten weiter. Hinter uns krachte ein Haus zusammen und das Feuer breitete sich über die Straße aus.

Endlich erreichten wir das Haus, in dem Frau K's Vater wohnt. Das Haus brannte noch nicht, aber alle anderen in der Nachbarschaft. Die Männer sagten, ich solle auf der Straße bleiben, während sie hineingingen. Da stand ich, umgeben von Flammen. Weder Polizisten noch Feuerwehrmänner waren zu sehen. Einige Menschen rannten in Panik hin und her, ihre Habseligkeiten zu Bündeln gepackt.

Frau K's alter Vater kam heraus und schien ganz verwirrt. Er wollte weder weggehen noch seine Besitztümer retten. Ich bemerkte, dass sich die Flammen ausbreiteten und plötzlich züngelten sie über die enge Straße. Die beiden Männer waren noch einmal ins Haus gegangen und kehrten nun mit zwei Bündeln zurück. Wir beschlossen, dass es Zeit zum Gehen sei. Wir führten den alten Mann und halb zogen, halb trugen wir seine schweren Bündel.

Als wir zu Hause ankamen, heulten die Sirenen schon wieder. Wir gingen hinunter in unseren Keller und mussten dort bis 5.30 Uhr am Morgen bleiben.

Samstag, 3. März 1945.

Gestern war Freitag, deshalb musste ich in die Fabrik. Ich hatte gerade meinen Overall angezogen und mit der Arbeit begonnen, als der Alarm kam. Bis zur letzten Woche gingen wir immer in den Luftschutzkeller der Fabrik, aber der scheint uns nicht sicher genug, weshalb wir jetzt zu den nahegelegenen Hügeln gehen. Dem Werksleiter gefällt das nicht, denn es dauert einige Zeit, bis wir nach dem Alarm wieder zur Arbeit erscheinen, aber niemand gibt etwas darauf, was er sagt.

Ich schnappte meinen Mantel und lief auf die Straße, wo Carlo auf mich wartete. Mit einer ganzen Menge anderer Leute, die aus der Stadt geflohen waren, kletterten wir auf den nächsten Hügel. Wir erreichten die Spitze, gingen ein Stück auf der anderen Seite hinunter und setzten uns ins feuchte Gras. Überall um uns herum campierten Menschen. Es war sehr kalt.

Und plötzlich, als ich die Menge auf dem feuchten Boden sah, zusammengekauert, zitternd vor Kälte, musste ich trotz der Tragik lachen. Viele dieser Menschen schrien noch vor wenigen Jahren: „Gestern Nacht wurde London wieder bombardiert! Coventry ist zerstört worden! Die Erfolge unserer Luftwaffe sind wunderbar!“ Und als Hitler Russland und den Vereinigten Staaten den Krieg erklärte, sagten sie: „Das ist der beste Krieg von allen. Wir werden sie besiegen, England und Amerika, Russland und jede andere Nation!“ So sprachen sie vor zwei Jahren. Und heute sitzen sie stundenlang zitternd im kalten Wind auf einem Hügel, während die Engländer und Amerikaner Tausende von Bomben auf ihre Häuser werfen.

Abb. 20: Schon die Luftangriffe im Februar 1945 fügen der Altstadt schwere Schäden zu. Das Foto zeigt die Domstraße nach der Bombardierung am 19. Februar. (Foto: Stadtarchiv Würzburg)

Montag, 5. März 1945.
Wie wunderbar es ist, am Leben zu sein und hier am Schreibtisch sitzen zu können. Wie weit weg und unwirklich diese Augenblicke von Todesnähe mir jetzt erscheinen, obwohl sie erst zwei Tage zurückliegen. Um 10.30 Uhr heulten die Sirenen. Wir griffen nach den Mänteln und liefen hinaus in die dunkle Nacht. Auf halbem Weg zu einem Luftschutzkeller unter unserer Kirche [Unsere Liebe Frau, Anm. d. Übers.], in den wir jetzt manchmal gehen, hörten wir die Flugzeuge schon über uns. Plötzlich leuchtete der Himmel in einem merkwürdigen gelben Licht. Die ersten Bomben explodierten, während wir die Stufen zum Keller hinuntereilten, der schon voller Menschen war. Die ganze Zeit fielen weitere Bomben und die Explosionen kamen näher. Ich hatte das Gefühl, als ob meine Lungen platzen. Zitternd hielten wir einander fest. Dann erhob der Priester seine Stimme über das Getöse und begann zu beten:
Vater unser, der du bist im Himmel
Geheiligt werde dein Name
Dein Reich komme, dein Wille geschehe
Wie im Himmel, so auf Erden.

Einer nach dem anderen fiel ein; wir fühlten, dass nur göttliche Hilfe uns retten konnte. Mir schoss der Gedanke durch den Kopf, dass in englischen Luftschutzkellern wohl dieselben Worte gesprochen wurden, als deutsche Flugzeuge Bomben abwarfen. Wir zerstören einander und bitten denselben Gott um Hilfe. Die Fenster des Bunkers barsten, und Teile der Decke stürzten auf uns herab. Die Lichter gingen aus. Durch die Fenster konnten wir den flammenden Himmel sehen. Das Weinen der Kinder wurde von Gebeten unterbrochen.
Und vergib uns unsere Schuld
Wie auch wir vergeben unseren Schuldigern.

Ich dachte an Vati, der so weit weg war, an Ingeborg und an Carlo, und ich fragte mich, ob ich sie jemals wiedersehen würde.

Ganz plötzlich war alles vorbei. Die Sirenen tönten Entwarnung. Es schien uns merkwürdig, dass wir aufstehen und laufen konnten. Draußen war der Himmel rot von Feuer. Eine Bombe war in unmittelbarerer Nähe der Kirche eingeschlagen. Wir liefen heim. Unser Haus stand noch, aber wir kamen kaum die Treppe hoch. Alle Türen waren aus den Angeln gehoben; im Treppenhaus hatten sich Teile der Decke gelöst. In unserer Wohnung waren die Schränke umgestürzt, in den Wänden gähnten große Risse, auf dem Fußboden lagen die Scherben der geborstenen Fenster und alles war mit Staub bedeckt. Es war bitterkalt. Alles sah so trostlos aus, dass wir das Gefühl hatten, die Nacht dort nicht verbringen zu können. So schliefen wir im Haus von Freunden.

Sobald es am nächsten Morgen hell wurde, gingen wir nach Hause. Was das für ein Sonntag war! Carlo kam und begann, Türen und Fenster zu reparieren. Mutti bat ihn, bei uns zu bleiben. Das ist natürlich verboten, aber es ist so beruhigend, ihn hier zu haben.

Der arme Wuffi war verschwunden, als wir vom Luftschutzkeller zurückkamen. Er muss in Panik weggelaufen sein. Am nächsten Tag kam er zurück, zerzaust und völlig ausgehungert. Ich wünschte, wir müssten ihn nicht noch einmal alleine lassen. Er wird verrückt, wenn das wieder passiert.

Ganz in unserer Nähe hat eine Bombe drei Häuser zerstört. Immer noch liegen die Toten in einer langen Reihe auf dem Rasen neben den Ruinen, verhüllt mit Decken. Ich zittere jedes Mal, wenn ich daran vorbeikomme. Ihr Schicksal kann jederzeit unser Schicksal werden. Jetzt wage ich nicht mehr zu hoffen, dass Würzburg verschont bleibt.

Mittwoch, 7. März 1945.

Wir haben kein Brot mehr, alle Bäckereien sind leer. Wir haben praktisch nichts mehr zu essen. Heute Morgen waren wir ohne Frühstück drei Stunden im Luftschutzkeller. Als wir heimkamen, machten wir Feuer, um Kartoffeln zu kochen. In diesem Monat sind die Lebensmittelrationen noch einmal verringert worden. Jeder isst Kartoffeln, Kartoffeln, nichts als Kartoffeln.

Vielleicht ist der Krieg bald vorbei. Es heißt, dass die Alliierten den Rhein überschritten haben. Ich möchte so gerne Nachrichten hören! Wir haben keinen Strom, und man fühlt sich so weit weg von allen wichtigen Ereignissen, wenn man kein Radio hat. An den Abenden sitzen wir um eine Kerze herum und warten auf den Alarm. Wenn er bis 22 Uhr nicht gekommen ist, gehen wir ins Bett, ohne uns auszuziehen und versuchen zu schlafen. Was für ein seltsames Leben! Am Ende jedes Tages frage ich mich, ob die folgende Nacht uns allen den Tod bringt. Wenn ich den Frieden erlebe, werde ich versuchen, mich nie wieder im Leben über irgendetwas zu beklagen.

Donnerstag, 8. März 1945.
Ganz unerwartet kam Ingeborg gestern aus Berlin zurück. Sie kam mitten in einem Alarm, und als Mutti, Ingrid und ich vom Luftschutzkeller zurückkehrten, saß sie mit einer Freundin namens Rosita in der Küche.

Die Post arbeitet seit einigen Wochen nicht mehr, und wir haben keine Briefe erhalten. Deshalb hatten wir nicht die geringste Ahnung, dass sie auf dem Heimweg war. Die Abteilung des Außenministeriums, in der sie arbeitete, ist aufgelöst worden, und alle Angestellten sind gegangen.

Sie brauchten über eine Woche, um von Berlin nach Würzburg zu fahren. Die Reise muss ein schreckliches Erlebnis gewesen sein. Auf einigen Bahnhöfen hatten sie zehn Stunden oder länger Aufenthalt. Dauernd mussten sie die Züge wechseln, manchmal saßen sie auf dem Boden eines Güterwaggons. Einmal, als der Zug in Kassel hielt, war Luftalarm. Alle Leute verließen den Zug und gingen in den Bunker. Nur Ingeborg und Rosita blieben. Sie erzählten uns, dass sie so müde waren, dass ihnen alles egal war. Später müssen sie ihre Entscheidung bedauert haben, denn kurz danach tauchten Flugzeuge auf und feuerten mit Maschinengewehren auf den Zug. Ingeborg sagt, dass es die schrecklichste Erfahrung ihres Lebens war. Sie und Rosita kauerten auf dem Boden, während die Geschosse um sie herumpfiffen und nur wenige Zentimeter von ihnen entfernt die Sitze und den Boden durchschlugen. Als die Flugzeuge abdrehten, hatten sie das Gefühl, dass sie ihre Rettung einem Wunder verdankten.

Sie hatten auf ihrer Reise kaum etwas zu essen, einmal drei Tage lang überhaupt nichts. In der Nähe eines der Bahnhöfe war ein Lager mit polnischen Frauen, die nach Deutschland gebracht worden waren, um auf Bauernhöfen zu arbeiten. Ingeborg und Rosita waren so unsagbar hungrig, dass sie hingingen und sagten, sie seien Balletttänzerinnen aus Spanien, dass ihre Truppe sich aufgelöst habe und dass sie allein den Weg zurück nach Spanien finden müssten. Die Frauen waren von überwältigender Freundlichkeit, und Ingeborg und Rosita erhielten das erste warme Essen in einer ganzen Woche und sogar etwas Brot zum Mitnehmen. Zum Glück sprach niemand im Lager Spanisch. Die Frauen sagten aber, dass ein Spanier in einem anderen Lager sich freuen würde, Menschen aus seinem Heimatland zu treffen. Als sie ein Kind losschickten, um ihn zu holen, hatten Ingeborg und Rosita das Gefühl, dass es Zeit zum Gehen sei. Als Dank für ihre Freundlichkeit gaben sie den Frauen alle Zigaretten, die sie hatten und dann verschwanden sie so schnell wie möglich.

Die Sirenen heulen schon wieder. Ab geht es in den Keller.

Kapitel 12
Ein Meer von Flammen

Montag, 12. März 1945.

Es ist eiskalt. Ich sitze in einer kleinen Holzhütte in meinem Mantel, eingehüllt in eine Decke, und trotzdem zittere ich, während ich schreibe. Vor einigen Tagen sind wir hierhergekommen. Die Hütte gehört einem Freund unserer Familie und steht auf einem Hügel im Westen von Würzburg [am Oberen Dallenbergweg, Anm. d. Übers.]. Die ganze Stadt liegt ausgebreitet unter uns, und hinter uns ist Wald. Wir hoffen, dass hier keine Bomben fallen. Am Nachmittag kommen wir hierher, und am Morgen gehen wir in die Stadt zurück. Rosita und Carlo sind bei uns.

Die Hütte besteht aus einem einzigen Raum. Wir haben ein Bett, einen Tisch und zwei Stühle. Als wir zum ersten Mal hochkamen, brachten wir Matratzen, Bettdecken und Kopfkissen mit, die wir auf einen kleinen Handwagen geladen hatten. Als wir ankamen, war es schon dunkel. Natürlich gibt es keinen Strom und so machten wir die Betten bei Kerzenlicht. Mutti und Ingrid schlafen im Bett, Carlo, Ingeborg, Rosita, Wuffi und ich schlafen auf dem Boden.

Wir haben uns einen Herd aus großen quadratischen Steinen im Obstgarten hinter der Hütte gebaut. Auf einem Holzfeuer erhitzen wir das Abendessen, das wir aus der Stadt mitbringen. Wenn es nicht so furchtbar kalt wäre, könnte das Leben hier ganz angenehm sein. Wir sind immer hungrig und könnten dreimal mehr essen, als wir zur Verfügung haben. Gleich nach dem Essen gehen wir ins Bett, weil das der einzige Platz ist, wo wir uns warm halten können. Wir hören die Sirenen, aber wir stehen nicht auf. Jemand hat uns erzählt, dass die Alliierten Köln, Bonn und viele andere Städte erobert haben. Die Russen sollen in Stettin stehen. Doch die Nazis geben immer noch nicht auf. Sie müssen absolut wahnsinnig sein. Sie müssen den Kampf jetzt beenden, sie müssen, sie müssen!

Freitag, 16. März 1945.
Es ist ein schöner Tag, das Wetter ist besser geworden, und keine Wolke steht am Himmel. Heute sind wir nicht in die Stadt gegangen, weil wir uns ausruhen wollten. Weder Carlo noch ich gehen in die Fabrik; ich habe keine Ahnung, ob irgendjemand noch dort arbeitet. Wir bereiten das Mittagessen auf unserem Ofen im Obstgarten zu und suchen dann mehr trockenes Holz für das Feuer. Wenn wir Wasser holen wollen, müssen wir über eine halbe Stunde gehen. Mitten im Wald ist eine kleine Quelle und ich mag den Weg dorthin. Weniger angenehm ist es allerdings, die schweren Eimer zurückzuschleppen.

Heute haben wir den Krieg fast vergessen. Seit zwei Tagen hat es keinen einzigen Alarm gegeben. Es ist, als ob wir ein Picknick machen würden. Vielleicht ist der Krieg vorbei und wir wissen es nicht.

Montag, 19. März 1945.
So viel ist geschehen, seit ich zum letzten Mal geschrieben habe, so viel Entsetzliches, dass ich mich sogar jetzt davor fürchte, es aufzuschreiben – so wie man Angst hat, an einen Alptraum zu denken, selbst wenn man wach ist. Wenn ich hier in der Sonne vor unserer kleinen Hütte sitze und den Liedern der Lerchen lausche, könnte ich fast glauben, dass alles tatsächlich ein Alptraum war, wenn ich nicht vom Schreiben aufblickte und auf das schaue, was einmal Würzburg war: graue Ruinen, die nach drei Tagen noch schwelen. Vergeblich suche ich die Kuppeln und Kirchtürme, die einst den Blick auf die Stadt so schön machten. Alles, alles ist zerstört. Würzburg ist tot.

Es geschah vor drei Nächten, am 16. Wir waren wie gewohnt ins Bett gegangen, trotz des Alarms um 20 Uhr. Als wir Flugzeuge über uns hörten, ging Carlo hinaus, um nachzusehen. Alles war ruhig, und er kam wieder herein und setzte sich auf seine Matratze. Aber er war unruhig und ließ die Tür auf. Mit einem Mal wurde unsere Hütte von einem unheimlichen gelben Licht durchflutet, das von draußen kam.

Wir wussten sofort, was los war. Wir hatten solche Todesangst, dass wir wie gelähmt waren. Wir wollten unsere Mäntel und Schuhe holen, aber nichts schien an dem Platz zu sein, wo wir es eine Stunde zuvor hingelegt hatten. In der Stadt fielen die ersten Bomben, ein beständiges, immer lauter werdendes Donnerrollen. Rosita verlor die Nerven, sie warf sich auf den Boden und schrie vor Panik. Carlo zog sie hoch, und wir liefen aus der Hütte. Tausende von geisterhaften Lichtern erhellten den Himmel, einige hingen direkt über uns. „Was sollen wir machen? Wohin sollen wir gehen?“ riefen wir. Wir hätten versuchen können, zum Bauern und in seinen Keller zu gelangen oder in den Wald, aber in unserer Panik wussten wir nicht, was wir tun sollten und wohin wir gehen sollten. Die Angst lähmte uns, wir schienen unfähig, uns zu bewegen.

Bomben fielen und explodierten jetzt ganz in unserer Nähe. Mutti schrie: „Lauft zur Grube hinter dem Kirschbaum!“ Wir machten uns auf, ohne zu überlegen, ob wir das Richtige taten. Wir befolgten einfach nur den Befehl von jemandem, dessen Stimme Autorität ausstrahlte. Der Kirschbaum steht nur einige Meter von der Hütte entfernt, aber niemals schien er mir so weit weg wie in diesen Augenblicken, als es mir kaum zu gelingen schien hinzukommen.

Wir lagen im feuchten Gras. Rosita war jetzt still, aber Ingrid weinte herzerweichend und starrte uns mit furchterfüllten Augen an. Es war so fürchterlich, der betäubende Donner der Bomben, das morbide, unnatürliche Licht und der Tod, der so nah war. Abertausende von Bomben wurden abgeworfen. Die Explosionen betäubten uns fast und ließen uns nach Luft schnappen.

Carlo rief unsere Namen und drückte uns auf den Boden. „Bleibt, wo ihr seid“, sagte er immer wieder. „Es ist zu spät, um irgendwo anders hinzugehen. Uns wird nichts geschehen.“ Ich lag ganz nah bei ihm, und sein Mut gab mir Kraft. Aber auch er wusste, dass jeder Augenblick unser Leben beenden konnte, und während die ganze Welt um uns zu explodieren schien, küsste er mich zum Abschied.

Und dann, so plötzlich wie es begonnen hatte, war alles vorbei. Die Lichter verschwanden vom Himmel, die Flugzeuge waren weg, wir lebten. Wir konnten aufstehen und zu unserer Hütte zurückgehen. Würzburg verbrannte in einem Meer von Flammen. Riesige Wolken aus Feuer und Rauch stiegen aus der Stadt empor, sogar der Wald über uns brannte. Ein Sturm, so stark wie ein Orkan, tobte. Die ganze Nacht ließen die Detonationen der Zeitbomben unsere kleine Hütte erzittern, und die ganze Nacht kauerten wir da, so schreckerfüllt, dass wir nicht reden konnten.

Sobald es hell war, gingen wir in die Stadt hinunter. Die Häuser brannten noch, und eine gigantische schwarze Wolke hing über der Stadt. Wir brauchten fast den ganzen Morgen, um die Stadt zu durchqueren. Eine Straße nach der anderen erwies sich als unpassierbar. Der Rauch machte uns blind und raubte uns den Atem. Alles was wir sahen, waren Ruinen, und zwischen den Ruinen lagen die versengten und verbrannten Körper von Menschen, geschrumpft auf die Größe von kleinen Kindern, so entstellt, dass keiner sie hätte erkennen können. In einer schmalen Straße mussten wir über die Leichen steigen, um vorwärts zu kommen. Ingrid schrie vor Entsetzen und sie wäre stehengeblieben, wenn wir sie nicht mitgezerrt hätten. Diese Menschen müssen ganz unvorstellbar gelitten haben, als sie fliehen wollten und merkten, dass sie nicht weiterkamen, weil das Feuer sie von allen Seiten einschloss.

Schließlich erreichten wir unser Haus – unberührt –, das einzige, das in der ganzen Reihe noch stand. Als Mutti es sah, gaben ihre Knie plötzlich nach, und Carlo musste sie stützen. Unsere Wohnung war in einem schrecklichen Zustand. Wir versuchten erst gar nicht aufzuräumen, denn wir wollten nur so schnell wie möglich wieder aus der Stadt herauskommen. Wir packten ein paar Sachen, die wir brauchten, auf unseren kleinen Wagen und eilten zurück zu unserem Hügel, wo wir jetzt bis zum Ende des Krieges bleiben werden.

Abb. 21: Der Künstler Fried Heuler erlebt den Angriff auf dem Weg von Würzburg zu seiner Veitshöchheimer Wohnung am Steinberg. Er malt das Aquarell, die einzige authentische Darstellung des brennenden Würzburg, noch in derselben Nacht. (Mainfränkisches Museum, Würzburg)

Freitag, 23. März 1945.

Jeden Morgen stehen wir um 5 Uhr auf und gehen zu unserer Wohnung in der Stadt, um weitere Sachen zu holen. Gegen 9 oder 10 Uhr sind wir gewöhnlich wieder in unserer Hütte. Ingrid nehmen wir nicht mit, einer von uns bleibt immer bei ihr. Die Straßen in Würzburg sind vollkommen menschenleer. In manchen Straßen gibt es kein einziges Haus, das nicht zerstört ist. Ein leichter Verwesungsgeruch liegt schon über der Stadt.

Fast den ganzen Tag und die ganze Nacht haben wir Luftalarm, so oft, dass wir überhaupt nicht mehr darauf achten. Es gibt nur noch wenige Sirenen in Würzburg. Sie stehen weit weg von unserem Hügel, und wir können sie kaum hören.

Nachts halten wir abwechselnd immer eine Stunde Wache. Derjenige, der auf dem Wachposten ist, hält den Wecker in der Hand, bis es Zeit ist, den nächsten zu wecken. Wir sind zu fünft, so dass jeder etwa zwei Stunden Wache stehen muss. Wir wissen nicht, warum wir das eigentlich tun. Falls irgendetwas passiert, haben wir keinen Ort, zu dem wir gehen könnten. Wir können nicht entkommen.

Die Front ist jetzt so nahe, dass wir die ganze Zeit Artilleriefeuer hören. Wo stehen die Alliierten? Was machen wir, wenn um Würzburg gekämpft wird? Wohin sollen wir gehen? Wir haben weder Radio noch Zeitung. Einige Leute haben uns erzählt, dass Frankfurt eingenommen ist und dass die Amerikaner nur noch 120 Kilometer von uns entfernt sind. Wird unser Hügel unter Artilleriefeuer kommen? Wäre es besser, wenn wir hinunter ins Tal gingen?

Abends, wenn wir im Bett sind, schmieden wir Pläne für die kommenden Wochen. Mutti und Ingeborg wollen nach Westen und den vorrückenden Amerikanern entgegengehen. Doch Carlo denkt, dass wir hier bleiben sollten. Vielleicht hat er recht, man kann seinem Schicksal nicht entkommen.

Sonntag, 25. März 1945.

Wir stehen vor einem großen Problem: Wir haben nichts mehr zu essen. Seit dem Luftangriff gibt es keine Geschäfte mehr in Würzburg. Vor einigen Tagen erhielten wir einige Laibe Brot von einer Nazi-Wohlfahrtsstelle, jetzt ist nur noch einer übrig. Vorgestern sagte der Bürgermeister, dass jeder die Stadt verlassen muss und dass Würzburg zur toten Stadt erklärt wird; nur wer wichtige Arbeiten verrichtet und hier bleiben muss, erhält besondere Lebensmittelmarken. Andere bekommen gar keine Rationen mehr. Was sollen wir also machen?

Wir sind fest entschlossen dazubleiben. Flucht ist zwecklos. Allerdings haben wir nur noch wenige Kartoffeln, ein Glas Marmelade und etwas Tomatenmark. Sicher haben die Leute auf dem Bauernhof in der Nähe genug zu essen, aber sie haben uns nicht angeboten, mit uns zu teilen. Wuffi geht es viel besser als uns. Nachts schleicht er sich zum Bauernhof und frisst, was der Hofhund in seinem Napf übriggelassen hat.

Wir teilen unser Essen sehr streng ein. Zum Frühstück bekommt jeder eine halbe Scheibe Brot. Wie hungrig wir auch sein mögen, Mutti ist unerbittlich. Sie sagt, dass es besser ist, wenig zu haben als gar nichts. Mittags und abends gibt es gewöhnlich ein oder zwei gekochte Kartoffeln für jeden und manchmal ein wenig von unserem schnell zu Ende gehenden Vorrat an Tomatenmark. Etwa eine Stunde nach dem Essen hat man wieder gewaltigen Hunger, und dann, nach einer weiteren Stunde, ebben die Magenschmerzen ab, und man merkt nicht mehr, wie hungrig man ist.

Dienstag, 27. März 1945.
Gerade eben waren Mutti und ich im Bauernhaus. Sie erlaubten uns, Nachrichten zu hören, die ersten Nachrichten seit der Zerstörung Würzburgs. Und wo glaubst du sind die Amerikaner? Mit stockte der Atem, als ich es hörte: Aschaffenburg! Das ist nur 60 Kilometer von uns entfernt. Also kommen sie endlich.

Heute Morgen, als es noch ziemlich dunkel war, gingen Carlo und ich auf ein Feld, wo wir eine Grube mit Futterrüben entdeckt hatten. Wir stahlen einige, denn es sind keine Kartoffeln mehr da. Sie schmecken schrecklich und sind hart, obwohl wir sie stundenlang kochen. Aber es ist besser als gar nichts. Letzte Nacht aß Ingeborg Hagebutten; danach war ihr schlecht.

Etwa 30 Meter vom Bauernhof entfernt ist ein kleiner Unterstand, den der Bauer vor einigen Jahren gebaut hat, um Apfelwein zu lagern. Jetzt hat er die leeren Fässer weggeräumt und eine Bank installiert; wenn Flugzeuge kommen, dürfen wir hineingehen. Wir haben uns überlegt, wie wir den Unterstand sicherer machen können. Wir kamen zu dem Ergebnis, dass es gut wäre, einige Baumstämme darüberzulegen und sie mit Sand zu bedecken. Das würde uns vor Artilleriefeuer schützen.

Vor zwei Tagen hat der Bauer einige Bäume gefällt; wir gingen alle mit, um zu helfen. Gemeinsam schleppten wir die Stämme zu einem Pferdefuhrwerk und luden sie auf. Später legten wir sie über den Unterstand und schaufelten Sand und Steine darauf. Ziemlich schwere Arbeit, aber wir fühlen uns jetzt sicherer.

Heute Morgen wurde Würzburg wieder bombardiert. Etwa 40 Flugzeuge senkten sich auf die Stadt herab und warfen ihre Bomben auf die Zellerau, das einzige Viertel, das beim großen Angriff noch nicht zerstört wurde.

Kapitel 13
Vielleicht sieht Pompeji so aus

Ostersonntag, 1. April 1945.
Heute ist Ostern. Ich schreibe, während ich auf der obersten Stufe unseres kleinen Unterstandes sitze. Über uns sind immer einige Flugzeuge, wir hören Flak- und Artilleriefeuer. Heute Morgen gab die Bauersfrau Mutti drei hartgekochte Eier für Ingrid. Bei Kerzenlicht haben Ingeborg und ich sie im Unterstand mit Buntstiften angemalt. In einem ruhigen Moment lief Mutti in den Gemüsegarten und versteckte sie. Danach folgte ein erneuter Bombenangriff auf die Stadt und wir hatten keine ruhige Minute mehr. Sobald die Flugzeuge verschwunden waren, kamen neue und feuerten aus Maschinengewehren. Es wurde Nachmittag, bis wir Ingrid zum Ostereiersuchen losschicken konnten. Vom Eingang des Unterstandes aus halfen wir bei der Suche, denn wir wollten, dass sie sie schnell findet und unter das sichere Dach zurückkehrt.

Gestern hatten wir einen Alarm, der von sieben Uhr morgens bis sieben Uhr abends dauerte. Pausenlos wurde aus Flugzeugen mit Maschinengewehren auf uns geschossen. Wir konnten den Unterstand nicht verlassen, um zu unserer Hütte zu gehen, und wir konnten unsere Futterrüben nicht kochen. Deshalb hatten wir den ganzen Tag nichts zu essen.

Ostermontag, 2. April 1945.
Gestern hat die Schlacht um Würzburg begonnen. Obwohl geschossen wurde, besuchten Carlo und ich am späten Nachmittag eine Frau, die auf der anderen Seite des Tales lebt. Ich hatte ziemliche Angst, aber bei einem früheren Besuch hatte sie davon gesprochen, dass sie zu Ostern einen Kuchen backen würde. Wir haben inzwischen solchen Hunger, dass die Vorstellung, etwas zu essen zu bekommen, unwiderstehlich war. Es war nett bei ihr, aber wir gingen, bevor es dunkel wurde. Wir

wollten nicht länger bleiben, weil zwischen ihrem und unserem Hügel die Straße liegt, auf der, wie es heißt, die Alliierten kommen werden. Als wir zum Unterstand zurückkehrten, warteten die anderen schon sehnsüchtig auf uns – und auf den Laib Brot, den wir erhalten hatten.

Das Feuer kommt jetzt nicht mehr nur aus dem Westen, sondern auch aus dem Norden, Süden und Südosten. Sie werden uns einschließen. Den ganzen Abend war furchterregendes Artilleriefeuer zu hören. Dann jagten deutsche Soldaten eine der Brücken in die Luft. Die Explosion war ohrenbetäubend, und wir waren starr vor Schreck, bis wir begriffen, was passiert war. Es gibt drei weitere Brücken über den Main, vielleicht werden sie auch noch zerstört.

In unserem kleinen Unterstand können wir nicht schlafen, aber wir haben Angst, in die Hütte zurückzugehen. Zum Glück hat uns der Bauer erlaubt, die Nacht in seiner Scheune zu verbringen. Wir haben die Matratzen hineingebracht und auf den Boden gelegt. Es ist jetzt 6 Uhr, und die Artillerie feuert schon wieder. Deutsche Soldaten errichten im Wald unter uns eine Verteidigungsstellung.

Sieben Uhr abends. Gerade waren einige deutsche Soldaten auf dem Bauernhof. Der Bauer stand auf der obersten Stufe unseres Unterstandes. Wir hörten, wie die Soldaten auf ihn zukamen und riefen: „Alle müssen sofort herauskommen und helfen, Schützengräben auszuheben! Nehmt die Spaten und kommt! Wer ist sonst noch auf dem Bauernhof, der helfen könnte?"

Wir bliesen die Kerze aus und wagten kaum zu atmen. Wir hörten den Bauern sagen: „Nur meine Frau und ich. Und wir können nicht weg, weil wir uns um die Tiere kümmern müssen." „Hier sind bestimmt noch mehr Menschen", sagten die Soldaten, „wir werden euch holen."

Wuffi begann zu knurren und wir türmten Kissen auf ihn, um das Geräusch zu dämpfen. Dann entfernten sich die Schritte. Lange Zeit saßen wir ohne Licht da und wagten nur zu flüstern. Aber die Soldaten kamen nicht zurück.

Donnerstag, 5. April 1945.

Immer noch wird um Würzburg gekämpft. Die deutschen Soldaten haben auf unserer Seite des Flusses keinen Widerstand geleistet. Viel zu spät begannen sie, ihre Verteidigungsstellungen einzurichten. Sie verließen die halbfertigen Schützengräben, flohen auf die andere Seite des Mains und jagten die Brücken hinter sich in die Luft. Von unserem Hügel aus sahen wir, wie die Amerikaner sofort begannen, eine der Brücken zu reparieren. Es dauerte weniger als eine Stunde und sie überquerten den Fluss.

Den ganzen Tag feuert schon Artillerie über uns und wir sehen die Explosionen in der Stadt. Die amerikanischen Geschütze sind so nah, dass alles bebt. Wir sehen zwei ihrer Panzer im nächsten Feld. Die Granaten pfeifen über das Dach unserer kleinen Hütte. Ich bin zu aufgeregt, um weiterzuschreiben.

Dienstag, 10. April 1945.

Es ist ein schöner Tag, warm und klar. Der Schlehdorn und die Kirschbäume stehen in voller Blüte. Wir liegen im langen trockenen Gras und schauen auf die Stadt hinab, die jetzt still ist. Vielleicht sieht Pompeji so aus: gelbe Ruinen unter einem tiefblauen Himmel.

In diesen fünfeinhalb Kriegsjahren habe ich oft versucht mir vorzustellen, wie es sein würde, wenn die Alliierten in unsere Stadt kommen. Natürlich haben wir nie an die Möglichkeit gedacht, dass der Krieg so lange dauert und dass um Würzburg gekämpft wird; wir stellten uns vor, dass alles viel ruhiger ablaufen würde. Jedenfalls sind die Alliierten jetzt hier. Sechs amerikanische Soldaten lagen ziemlich nahe bei unserer Hütte in Stellung und kamen, um mit uns zu reden, obwohl ihnen das, wie sie uns sagten, verboten war. Wie überrascht sie waren, Menschen zu finden, die Englisch sprechen.

Wir hatten ein Munitionslager entdeckt und erzählten ihnen davon und gingen mit ihnen hin. Wir fanden dort auch einen riesigen Haufen altes Brot. Wir nahmen zwei Decken, die in der Nähe lagen, und packten so viel Brot hinein, wie wir tragen konnten. Die Soldaten sagten, dass sie nicht glauben konnten, dass wir das alte Brot essen würden. Aber es ist immer noch besser als Steckrüben.

Gestern Nachmittag klopfte jemand an die Tür, und da stand einer der Amerikaner. Er kam, um uns zu sagen, dass die sechs in der Nacht in Richtung Osten verlegt würden. Er sagte, wie froh er gewesen sei,

Englisch sprechende Menschen so fern von zu Hause zu finden. „Ihr seid die ersten Leute, mit denen wir hier in Deutschland reden konnten, und die ersten, bei denen wir das Gefühl hatten, ihnen vertrauen zu können.“ Er gab uns die Hand, hinterließ seine Adresse und bat uns, nach Kriegsende zu schreiben.

Mittwoch, 11. April 1945.
Gestern war Carlo fast den ganzen Tag weg. Am späten Nachmittag kam er zurück und trug einen schweren Sack. Er war in einem Lagerhaus gewesen, das die französischen und italienischen Kriegsgefangenen plünderten. Er leerte den Sack aus und rief: „Mama, Mama, komm‘ und sieh, was ich habe!“ Er hatte Mehl, Makkaroni, Brot und ein riesiges Stück Käse mitgebracht. Ich hatte ihn noch nie so glücklich gesehen wie in dem Moment, als er uns diese Sachen zeigte. Dann legte er seine Arme um Mutti und sagte: „Mama, jetzt ist endlich genug Essen für uns alle da.“

Später fragte ich ihn nach dem Verwalter des italienischen Kriegsgefangenenlagers. „Er versuchte zu flüchten“, sagte Carlo mit heiterer Stimme, „aber wir fanden ihn und haben ihn umgebracht.“ Mehr war nicht aus ihm herauszubekommen.

Samstag, 14. April 1945.
Carlo ist auf dem Weg nach Italien. Gestern verabschiedete er sich von uns. Er war traurig, uns zu verlassen, gleichzeitig aber überglücklich, zu seiner Familie in Italien zurückzukehren. Es war so seltsam und traurig, ihn zu verlieren. Monatelang hat er Mühsale und Angst mit uns geteilt und uns so oft geholfen und getröstet.

Ich begleitete ihn bis zum Zauntritt. Dann sah ich ihm nach, wie er den Weg hinabging, wie er noch einmal zurückkam, um mir das Versprechen abzunehmen, nicht traurig zu sein, und dann wirklich ging, sich immer wieder umdrehte und winkte, bis er um die Ecke verschwand.

Sonntag, 15. April 1945.
Heute Mittag sind Hunderte von Flugzeugen über uns hinweggeflogen, ein Geschwader nach dem anderen. Obwohl wir wissen, dass die

Flugzeuge bei uns kein Unheil mehr anrichten, haben wir immer noch Angst vor ihnen und sind in unsere Hütte geflüchtet. Es wird noch eine ganze Weile dauern, bis wir diese Angst verlieren.

Dafür leiden wir jetzt unter der einfachen Tatsache, dass wir Deutsche sind. In all diesen Kriegsjahren waren wir in unseren Gedanken und Hoffnungen so sehr auf der Seite der Alliierten und verteidigten sie in Gesprächen mit Deutschen so oft, dass wir ganz vergaßen, dass wir selbst Deutsche sind und dass die Alliierten, wenn sie nach Würzburg kommen, uns nicht als Freunde und Gleiche behandeln werden, sondern so wie alle anderen Deutschen – als Feinde.

Wir haben in dieser letzten Woche einige Dinge gelernt. Wir wissen jetzt, dass für uns die Jahre des Kampfes nicht vorbei sind. Das Ende des Krieges, auf das wir gewartet und für das wir gebetet haben, ist sehr nahe. Aber die Zeiten sind hart und wir wissen nicht, wie es jetzt weitergeht.

Abb. 22: Domstraße und Festung Marienberg nach dem 16. März 1945. (Bayerisches Landesamt für Denkmalpflege, Nachlass Carl Lamb, Foto: Carl Lamb)

Freitag, 27. April 1945.
So viel ist geschehen, ich hätte mehrere Seiten täglich schreiben können, wenn ich die Zeit gehabt hätte. Wir leben wieder in unserer Wohnung. Als wir zum ersten Mal zurückkamen, waren wir völlig verzweifelt, denn nie zuvor war unsere Wohnung in so einem Zustand gewesen. Amerikanische Soldaten hatten hier campiert. Jedes Buch war aus dem Regal genommen worden und lag auf dem Boden, keinen Brief und kein Blatt Papier fanden wir an der richtigen Stelle, alle Kleider waren aus den Schränken gezerrt worden, und die Soldaten waren darauf herumgelaufen. Alle Räume, besonders die Küche und die Toilette, waren unbeschreiblich schmutzig.

Es gibt keinen Strom in Würzburg und – noch schlimmer – auch kein Wasser. Ingeborg und ich müssen zu einem Brunnen gehen und Wasser in Eimern holen. Entsprechend anstrengend war das Saubermachen. Doch nachdem wir eine Woche geschrubbt hatten, sahen die Zimmer fast wieder normal aus. Wenn wir am Abend die Vorhänge zuziehen und Ingeborg auf dem Klavier Chopin spielt, wäre es fast wie früher, wenn nur Vati hier wäre.

Es leben kaum noch Menschen in Würzburg. Wenn wir durch die Straßen gehen, sehen wir niemanden außer amerikanischen Soldaten.

Es gibt eine Schätzung, dass 20.000 Menschen in jener schrecklichen Märznacht gestorben sind und dass 80 Prozent aller Gebäude zerstört wurden. Manchmal, wenn ich nachts wach liege und an all die Schrecken der letzten Monate denke, scheint es fast unglaublich, dass wir nicht auch tot sind.

Über die Zahl der Bombenopfer kursierten zunächst nur Gerüchte, in denen von bis zu 20.000 Toten die Rede war. Die genaue Zahl ließ sich wegen der chaotischen Begleitumstände auch später nicht ermitteln; sie liegt zwischen 4.500 und 5.000. Am 16. März 1945 starben somit rund fünf Prozent der Vorkriegsbevölkerung, was die höchste Quote einer deutschen Großstadt bedeutet. 82 Prozent der bebauten Fläche wurden zerstört. Zunächst blieben nur etwa 6.000 Menschen in Würzburg, die in den wenigen erhaltenen Gebäuden, in Gartenhäusern und Kellern hausten.

Dienstag, 8. Mai 1945.

Der Krieg ist aus! Der Krieg ist aus! Die ganze Welt ruft diese Worte. Die amerikanischen Soldaten im Haus gegenüber haben den ganzen Abend vor Freude gejubelt. Sie schießen in die Luft, aus ihren Radios tönen Friedensglocken. Wir hören sie bis zu unserem Haus herüber. In Amerika, in England, in fast allen Ländern wird es heute Nacht Freudenfeiern und Glücksgefühle geben. Auch ich bin glücklich, sehr glücklich, aber ich kann nicht lachen. Nicht weil ich Deutsche bin und Deutschland den Krieg verloren hat. Ich wusste, dass es so kommen würde, und ich habe es von ganzem Herzen herbeigesehnt.

Ich kann nicht lachen, weil ich diese Jahre voller Terror, Verlust und Tod nicht vergessen kann. Ich kann nicht lachen, weil der Krieg uns so viel unwiederbringlich geraubt hat: die Zukunft, die wir uns vorgestellt hatten, Menschen, die wir liebten, unsere schöne Stadt – und noch so viel mehr. Und Vati? Wo ist er? Wann kommt er zurück?

Ich bete, dass es nie wieder Krieg gibt und dass spätere Generationen vor den Gräueln verschont bleiben, die wir erlebt haben.

Friedensglocken läuten. Ich gehe ans Fenster und schaue auf die Ruinen von Würzburg. Tränen steigen mir in die Augen. Ich weiß nicht, ob vor Trauer oder aus Dankbarkeit.

Nachwort

Ortrun Koerbers Vater geriet als Angehöriger des Volkssturms im östlichen Teil Polens in russische Kriegsgefangenschaft. Es gelang ihm zu entkommen: Er machte sich auf den Weg nach Westen – zu Fuß, in Lkws, mit Pferdewagen, was immer zur Verfügung stand. Noch in Polen wurde er krank und durfte sich bei polnischen Bauern ausruhen. Nach mehreren Monaten kam er am 5. August 1945 in Würzburg bei seiner Familie an.

Ortrun Koerber unterrichtete ab Anfang 1946 ein halbes Jahr lang im Kloster Triefenstein in der Nähe von Wertheim am Main an einer amerikanischen High School Deutsch für GIs, die dort ihren Abschluss nachholen wollten. Danach begann sie ein Musikstudium in Regensburg; um dieses zu finanzieren, gab sie Deutschunterricht an der dortigen amerikanischen Grundschule. In einem Regensburger Lazarett lernte sie ihren späteren Mann Günther Scheumann, einen Musiker, kennen, der in Russland verwundet worden war.

1947 wurde die Wohnung der Familie am Wittelsbacherplatz von den Amerikanern beschlagnahmt; bis 1957 lebten die Koerbers in Rimpar, zuerst in zwei Zimmern bei einem Bauern. Dann gelang es den Eltern, ein kleines Haus am nördlichen Ortsrand zu mieten. Der Vater hatte unterdessen eine Stelle an der Lehrerbildungsanstalt am Wittelsbacherplatz gefunden. 1949 gründete er die englischsprachige Zeitschrift für Oberschüler „The Beacon“. Ortrun gab Anfang 1950 ihr Musikstudium in Regensburg auf, um sich mit dem Vater dem Projekt zu widmen. 1957, nach der Pensionierung des Vaters, zog die Familie nach Bad Dürkheim. Seit seinem Tod im Jahr 1972 führt Ortrun Scheumann die Zeitschrift fort. Die Mutter Louise Koerber starb 1984, die Schwester Ingeborg bereits 1978. Die jüngere Schwester Ingrid heiratete in die USA und lebt heute im US-Bundesstaat New York.

Das amerikanische Missionarsehepaar Olds kehrte noch vor Ausbruch des Zweiten Weltkriegs in die USA zurück. Nach dem Krieg nahm Ortrun Kontakt mit Mr. Olds auf, und er schickte ihr ein Buch, das er gerade geschrieben hatte. Das Buch besitzt sie noch heute. Der Plan von Billy Hamilton, die Koerbers 1940 in Deutschland zu besuchen, konnte natürlich nicht in die Tat umgesetzt werden. Bis Mitte 1940 tauschten Ortrun und er Briefe aus, dann brach die Verbindung ab. Er gilt als vermisst, und seine Familie hat nie etwas Genaues über seinen Tod erfahren können. Nach 1945 hielt Ortrun Kontakt mit Billys Mutter und nach deren Tod mit seiner Tante. Diese schickte ihr alle Briefe, die Billy aus Japan nach England geschrieben hatte; sie befinden sich noch heute in Ortrun Scheumanns Besitz. Von der russischen Familie Guseff hat sie nie wieder gehört.

Den Mediziner Helmut Gillmann, den sie 1943 in Würzburg kennenlernte, hat Ortrun Scheumann später erneut getroffen. Er war nach Berlin gegangen, wo er an der Charité arbeitete. Die beiden schrieben sich noch eine Weile, dann hörten sie nichts mehr voneinander. 1986 sah sie ihn zufällig in einer Fernsehsendung; es stellte sich heraus, dass er Chefarzt am Klinikum in Ludwigshafen und Leibarzt von Bundeskanzler Helmut Kohl war. Ortrun rief ihn an, und danach sahen sich beide gelegentlich bis zu seinem Tod im Jahr 2002.

Carlo hat Ortrun nie wieder gesehen. Sie erhielt einen einzigen Brief von ihm, den er ihr schrieb, als er auf dem Rückweg nach Italien war. Es gab damals noch keinen regulären Postverkehr, aber er traf zufällig einen deutschen Soldaten, der auf dem Heimweg ausgerechnet nach Würzburg war. Carlo schrieb sehr liebevoll über die Familie Koerber und dankte für die Zeit, die er bei ihr verbringen durfte.

In Japan ist Ortrun Scheumann nicht mehr gewesen.